MEDIO SIGLO DE ORO DE FLAMENCO
Vivido desde Almería

EQUIPO ALFREDO

INSTITUTO DE ESTUDIOS ALMERIENSES
Colección Etnografía. Nº. 34

Medio siglo de oro de flamenco. Vivido desde Almería.

© Textos: Equipo Alfredo
© Portada: Daniel Zapata
© Fotografías: Páginas 11, 35, 55, 67, 94, 106, 119 y 143: Mª José Fernández
    Amate. 42 y 46: Casa Real. Comunicación: 75: Carmen Herrera. 41 y 48:
    Enrique Capilla. 122: José Juan Mullor. Resto: Colección Equipo Alfredo
© Edición: Diputación de Almería.
           Área de Cultura, Cine e Identidad Almeriense.
           Instituto de Estudios Almerienses.
           www.iealmerienses.es

ISBN: 978-84-8108-781-9
Dep. Legal: AL 4663-2025
Diseño y maquetación: César Vaquero - SumiGraf
Imprime: Ediciones MIC

Impreso en España.

Índice

Cuadro cronológico

Año	Hitos flamencos universales	Relacionados con Almería
1954	– Antología de Hispavox (editada en Francia)	
1955	– Libro de González Climent *Flamencología*	
1956	– I Concurso Nacional de Córdoba. Fosforito, 1º Premio absoluto	
1958	– Festival Potaje de Utrera – Primeros discos E.P. de Fosforito – Disco "Cantes de Antonio Mairena" – Primeras peñas y tertulias flamencas	
1962	– Antonio Mairena, Llave de Oro en Córdoba.	
1963	– Libro de Ant. Mairena y Ricardo Molina *Mundo y formas del cante flamenco*	– Creación de la peña El Taranto
1964	– Programa de TVE "Flamenco, antología de cante y bailes andaluces"	
1966		– Concurso de Cante Jondo en Almería
1967		– 1º Festival Flamenco de Almería
1968	– Archivo de Vergara (Caballero Bonald)	
1969	– Primer disco de Camarón y Paco de Lucía	
1970	– 1º recital de flamenco en el Colegio Mayor San Juan Evangelista	
1971	– Programa en TVE "Rito y geografía del cante"	
1972		– I Semana Flamenca de El Taranto – Debut de Tomatito con 13 años
1973	– Disco de Paco de Lucía: "Fuente y caudal"	– 1º artículo de Equipo Alfredo

Año	Hitos flamencos universales	Relacionados con Almería
1974-7	– Programa de TVE "Flamenco", de Fernando Quiñones	
1976	– Estreno de *Camelamos Naquerar* en Granada.	– *Camelamos Naquerar* en el Teatro Cervantes
1977	– Disco de Enrique Morente *Despegando*	
1978	– Aparece la revista *Candil*	– Libro de Equipo Alfredo publicado por la Universidad de Granada
1979	– Camarón: disco "La leyenda del tiempo"	
1980	– Propuesta de creación de la ITEAF – 1ª Bienal de Flamenco de Sevilla – Aparece la revista Sevilla Flamenca	– Orquesta de Tetuán y Lebrijano en el Teatro Cervantes
1981	– Creación de la ITEAF en el IX Congreso Nacional en Almería (Medalla del Trabajo a Mairena)	– Aparece la revista *Taranto* – Camarón, Morente y Tomatito en Teatro Cervantes
1983	– Estreno de *Macama Jonda* – Disco póstumo de Antonio Mairena. – Francisco Vallecillo, asesor de Actividades Flamencas de la Junta	– Última actuación de Antonio Mairena – 1º recital de José Mercé en Almería
1984/85		– Recitales de Camarón en El Taranto
1987	– Legalización de la Confederación – Puesta en marcha de la Fundación Andaluza de Flamenco (hoy I.A.F.)	
1988		– XXV Aniversario de El Taranto
1989/90		– Programa diario de E. A. en RNE-R4 para toda Andalucía
1991	– Camarón en el Festival de Montreux	– Última actuación de Camarón en el Festival "Por Tarantos a Almería"
1992	– Muere Camarón	
1996	– Disco "Omega", de Morente	
2010	– Muere Enrique Morente	
2014	– Muere Paco de Lucía	

José Ángel Valente
inaugura los actos del 25
aniversario de El Taranto

1 | Introducción

E ste no es un libro de historia, sino un relato de memorias. Las
ponemos en plural porque se trata de los recuerdos de tres personas distintas, aunque hemos compartido muchas cosas relacionadas con el flamenco, en Almería y en diversos lugares, y momentos estelares de lo que podría calificarse de medio siglo de oro del flamenco.

Esta apreciación no es nuestra solamente; hay una cierta coincidencia
entre aficionados y estudiosos en que la época que va desde la recuperación de viejos estilos que llevaron a cabo, principalmente, Antonio Mairena y Fosforito en los años cincuenta, hasta la muerte de Camarón y
Paco de Lucía ha sido una etapa de oro del flamenco.

En paralelo al renacimiento y renovación del cante se ha producido un
gran desarrollo de la guitarra, tanto de acompañamiento como solista. Ha
habido asimismo un cambio radical en los espectáculos teatrales o de compañías de baile. Los festivales empezaron en 1958 en Utrera y se extendieron por toda España (y parte del mundo) en las décadas siguientes.

En 1980 se crea la Bienal de Flamenco de Sevilla, que también ha sido espejo para otros variados ciclos. Además, el flamenco ha entrado a formar parte de la programación de grandes festivales de música clásica y de jazz, y los músicos flamencos se codean con los mejores del mundo en otras músicas, y con frecuencia actúan y graban juntos.

Otro cambio radical se ha dado en los programas de radio, que han pasado de aquellos cortos espacios a mediodía con fandanguillos y cuplés aflamencados como base, a programas con contenidos de calidad y horarios más apropiados y dilatados. En la televisión aparecen programas de flamenco, el primero a partir de 1964, seguido por otros importantes ciclos de gran calidad de 1971 a 1977. Si se comparan los contenidos de los programas de los sesenta y los de los setenta tendremos más argumentos para apoyar el cambio de actitud y aprecio hacia el flamenco que se produjo en la época que hemos dado en calificar "de oro".

También ha habido una proliferación de estudios académicos y publicaciones sobre flamenco, reflejo del cambio en el aprecio de este arte por parte de amplios círculos culturales, intelectuales y universitarios, que contrasta con la aversión con que era tratado hasta entonces en la mayoría de esos círculos, desde ilustrados como Cadalso hasta los componentes de la Generación del 98. En este sentido son escasas las excepciones –se pueden contar con los dedos de la mano—, que todo aficionado se sabe de memoria: Antonio Machado Álvarez, Estébanez Calderón, el concurso de Granada de 1922 y muy pocos más.

La discografía experimentó un auge tremendo. A partir de los discos pioneros de Mairena y Fosforito se grabaron antologías y colecciones, no sólo con los artistas famosos, más o menos comerciales, sino con aficionados semiprofesionales, que se recuperaron y se convirtieron en artistas de culto.

Es importante señalar que el protagonismo de Almería en muchos de los acontecimientos de esa época ha sido muy superior al peso que el flamenco tuvo en nuestra provincia, que contaba con muy pocos intérpretes —ninguno de relieve hasta la aparición de Tomatito—, poquísimas peñas y escasas actividades públicas.

Diario Córdoba 22—marzo—1987   La Brújula

El milagro de Almería

Al fin salió el humo blanco por la chimenea de la Confederación Andaluza de Peñas Flamencas: Habemus Presidente, que Papa ya lo tenía desde antes de nacer, incluso, las federaciones provinciales. La verdad es que no podíamos imaginar lo importante que es para la Consejería de Cultura de la Junta de Andalucía todo lo relacionado con esta Confederación de Peñas Flamencas. Es de agradecer tanta preocupación, hasta el punto de tener su hombre de confianza, su asesor para asuntos flamencos, presente siempre en estas reuniones federativas, y al fin y al cabo, decidiendo siempre o forzando decisiones cuando no se decide lo conveniente. Miren ustedes por dónde, también en Antequera se iba a levantar la reunión sin elegir presidente, y fue el Papa quien dijo que allí no se movía nadie sin que se eligiera este cargo... bueno, iba a decir supremo, pero no, por encima del presidente está el Papa. Este acusaba nuestra crítica, publicada en esta misma página el día 8 de febrero, y quería curarse en salud, ahora precisamente. Espero no ser excomulgado por criticar a este Papa.

¿Y por qué la elección ahora y no antes? El Papa de la Confederación es hombre lo suficientemente político como para no inquietarse por crítica de más o de menos, pero sí le interesaba astutamente resaltar allí, antes de exigir la votación, que en ."Córdoba le maltratan". El resultado es que Córdoba, "gracias a su caridad", ha sacado la última vocalía a pesar de su febril actividad flamenca. Pero hay algo más: Almería tenía dos peñas irreconciliables; ahora tiene cuatro. Hasta hace poco más de un mes era inconcebible su Federación Provincial porque no se avenían las únicas cuatro que hay. Desde entonces, se ha constituido su Federación Provincial, y dos miembros de la Junta directiva de la Peña El Taranto han sido elegidos presidentes respectivos de la ITEAF y de la Confederación. Pues todavía dicen que hay más.

Agustín Gómez

A pesar de eso, en este relato quedará patente que, desde que se crea la peña El Taranto, el protagonismo almeriense en el ámbito del flamenco, en cantidad, en calidad y en prestigio internacional, es reconocido en todo el mundillo flamenco y en el cultural en general. Como muestra, "El milagro de Almería" fue el título de un artículo del prestigioso experto cordobés Agustín Gómez, publicado en 1987, que expresaba, en tono de queja, el protagonismo almeriense en todas las instituciones flamencas de ámbito andaluz. Lo reproducimos entero en un recuadro aparte.

Volvemos al inicio de este prólogo para insistir en que nuestro libro no puede ser considerado de historia porque voluntariamente no hemos recurrido casi nunca a consultar documentos. El "casi" se refiere a los casos en que los recuerdos de los tres no coincidían totalmente.

Aparte de que no somos historiadores, no tenemos tiempo ni ganas de bucear en archivos y hemerotecas. Como decía Tristram Shandy después de comentar algunos detalles de Hamlet: "No dispongo de tiempo para consultar la historia danesa de Saxo-Gramático y confirmarlo plenamente; pero si ustedes disponen de ella y tienen fácil acceso al libro, pueden hacerlo exactamente igual de bien".

Hoy día las facilidades para acceder a libros y archivos son infinitamente superiores a las que se tenían en tiempos de Sterne (el autor de *Tristram Shandy*, para que nadie tenga que buscar en Google). Así que lo que contamos es porque estábamos allí o muy cerquita, porque resulta que hemos vivido muchos de estos acontecimientos, en la mayor parte de esos casos en primera persona, e incluso hemos sido protagonistas (no nos quedan abuelas; ni siquiera padres ni madres). Así que podemos contarlos de primera mano.

Con este presupuesto es obvio que no pretendemos ser objetivos. De todas formas, la objetividad total no existe. Se puede intentar, pero nadie es perfecto. Eso sí, procuraremos ser sinceros y justos, no inventar.

Aunque es verdad que la memoria miente, no miente mucho más que los documentos. Porque los documentos los elaboró y archivó alguien —no objetivo—, y luego son interpretados por personas que también tienen sus gustos, sus manías y sus subjetividades. Y no digamos los copistas de copias de documentos, que por prisa e ignorancia copian hasta las erratas, problema que hoy es muy común por las facilidades del corta y pega.

La ventaja que tenemos es que somos tres y podemos confrontar nuestros respectivos recuerdos para llegar a un consenso. Porque diferencias tenemos: somos amigos pero no fotocopias. Además, aunque repetimos que no hemos ido a buscar documentación, la verdad es que guardamos actas de varias instituciones, escritos propios y ajenos, correspondencia y muchos papeles de nuestras actividades flamencas en estos cincuenta años. Los vamos a usar y, en esos casos, los citaremos con la mayor precisión posible.

Además, una cosa son los datos y otra las emociones vividas. Una muestra clara es la diferente experiencia que supone asistir a una actuación artística en directo –un recital de flamenco en este caso— comparada con la de la escucha de ese mismo recital en la grabación que se hizo del acto. Por ejemplo, esas grabaciones de recitales que cuando las escucha el que los vivió en directo no las reconoce. La grabación recoge lo físico (sonido, vista) pero no las sensaciones.

Y en el caso de los aljibes de la peña El Taranto es evidente que su sonido natural no es el de una grabación, por bueno que sean el micro y el equipo. Los documentos no reflejan más que una parte de lo ocurrido (y eso siempre que el cronista sea fiel y entendido), no sólo en lo dicho del sonido sino en el ambiente, en la interrelación entre el artista y el público que, en el caso del flamenco, es más que importante, es decisivo. Es lo que se suele conocer como "jalear": oles y otras expresiones de admiración y de estímulo. Por supuesto, el jaleo al artista tiene sus reglas, su momento, no vale hacerlo a destiempo, ni mucho menos meterse a palmero improvisado.

Todos los aficionados auténticos lo saben y los artistas lo valoran. Ya en la década de los cincuenta, dos escritores extranjeros como el argentino González Climent y el norteamericano Donn Pohren dedicaron largos espacios al jaleo en sus libros *Flamencología* y *El arte del flamenco*, respectivamente.

Es decir, que en esas experiencias influye decisivamente la pasión. En nuestro caso, eso es lo que sentimos por el flamenco. Y es lo que nos ha movido a escribir este libro.

Pepe de la Matrona en El Taranto. 24-5-1974

2| Antecedentes

A ntes de acometer la historia del que hemos llamado medio siglo de oro y de los cambios que se produjeron –y se siguen produciendo– contamos en este capítulo la situación anterior a ese período áureo. Nos basaremos sobre todo –aunque no solamente– en nuestros recuerdos y vivencias personales.

En Almería, a finales de 1958, en Radio Juventud empezó a darse a conocer el trío Los Jilgueros: José Sorroche, Alfonso Salmerón y Domingo Garbín a la guitarra. Grabaron dos EP en Belter, con canciones como "Déjate de penas mambo", "El caramelero", "Chachachá corazón", "Dale al bordón", "Mis amores los de Almería", "Fue por tu culpa" y "Los gitanitos". Como puede deducirse, poco que ver con el flamenco.

Poco después, Alfonso Salmerón se marchó a Madrid iniciando allí toda una carrera artística, totalmente flamenca.

José Sorroche se presentó en 1968 al Concurso Nacional de Arte Flamenco de Córdoba, que se había iniciado en 1956 con periodicidad trianual. En el apartado de malagueñas y cantes de levante obtuvo el primer premio, y en el de soleares y cantes de Cádiz quedó en segundo lugar.

Lucas López fue quien lo animó a presentarse al concurso. Y es que Lucas era íntimo amigo de Antonio Alarcón Constant, a la sazón responsable de Fiestas y similares en el Ayuntamiento de Córdoba. Más tarde, Alarcón fue alcalde de la ciudad desde 1971 hasta la implantación de la democracia.

Otros flamencos almerienses que empezaron a darse a conocer a finales de los cincuenta o primeros sesenta eran Pepe Barranquete, los hermanos José y Juan Gómez, Paco el Mellizo y un corto etcétera, mayormente aficionados o semiprofesionales.

Nuestros recuerdos vividos empiezan en los años cincuenta y principios de los sesenta. El Equipo Alfredo empezó a funcionar en 1973, y aunque nos llevamos sólo cuatro o cinco años, en la adolescencia y primera juventud eso es bastante, por lo que nuestras experiencias y recuerdos relacionados con el flamenco en aquellos años 50-60 son distintos. Por eso hemos preferido completar este capítulo con tres artículos relatando los recuerdos de cada uno. Por orden de "antigüedad":

Antonio

Nací en 1945 y en la segunda mitad de los años cincuenta empezaba a tener mis propios gustos, también en música. Lo que oía por la radio y lo que cantaban las mujeres mientras barrían la puerta de sus casas eran mayormente canciones aflamencadas de Valderrama o Molina, coplas de la Piquer o Juana Reina y algunos cuplés.

Llegué a cogerles manía a Antonio Molina, Rafael Farina, Juanito Valderrama y compañía, y a las coplas melodramáticas de madres (vivas o muertas), amores, perros y gestas taurinas. Esa manía contra las coplas luego se me ha atenuado bastante, porque la verdad es que en el mundo de la copla hay auténticas maravillas de letras y músicas. Pero yo lo había metido todo en el mismo saco.

También me llegué a aficionar a los toros, más o menos en la misma época en que me acerqué al flamenco. Quizá fue, en buena medida, por lo que tienen en común de arte, tragedia y fiesta. Estuve abonado en la plaza de Almería, desde los diecisiete años hasta que me desengañaron los manejos de los taurinos y el exceso de sangre. Me "desaboné" poco después de la muerte de José Cubero "Yiyo" y me borré del todo cuando se retiró Curro Romero.

A los trece o catorce años empecé a acercarme a la música contemporánea, sobre todo la que hacían los seguidores hispanos del lejano rock norteamericano.

Cuando aprobé la Reválida de 4º mi padre me regaló un tocadiscos Dual de aquellos de maletilla. Mi primer disco de rock fue un EP de los Teen Tops, un grupo mexicano liderado por Enrique Guzmán, que versionaba en español éxitos de Elvis o Jerry Lee Lewis. El tal EP se llamaba "El trepidante rock and roll de los Teen Tops" (Fontana, 1960) y contenía cuatro canciones entresacadas de un LP que habían publicado en México un par de años antes. Nos fascinó a los amigos —¡aquello sí que era marcha!— y más tarde conseguimos algunos originales de Elvis editados ya en España.

Poco después nos acercamos también a la llamada música clásica, gracias a un tocadiscos y una colección de discos didácticos que le regaló su padre a un íntimo amigo mío, Juan José Lázaro. En una de aquellas reuniones de escucha de Bach y Beethoven, un amigo algo mayor que nosotros, que ya cursaba su primer año en la Universidad de Madrid, nos habló del "flamenco-protesta" que estaba impactando en la revuelta universidad de aquellos primeros años sesenta. Ya saben: Menese, Gerena y Morente, con sus letras reivindicativas y una música flamenca seria, pura y muy potente. Incluso nos trajo un disco —creo recordar que de Menese— que nos impactó, tanto por las letras de Francisco Moreno Galván, como por el desgarro y la fuerza del joven José Menese.

Agustín y Alfredo contarán lo que vivieron en sus primeros años de universidad, especialmente, supongo, los conciertos y recitales en el San Juan Evangelista, al que yo sólo fui más tarde, a mediados de los setenta.

Inciso especulativo

Pero lo que me pregunto ahora es por qué o cómo nos interesamos en el flamenco a partir de aquellos primeros contactos en los que, evidentemente, nos enganchó el contenido de las letras y su cercanía a la canción-protesta, que también se extendió en aquellos años.

Fue un clásico bandazo: durante doce años estuve en colegios religiosos, tres años en las Jesuitinas y nueve en La Salle. Todos los de mi pandilla éramos católicos creyentes y practicantes, incluida la pertenencia a congregaciones, asistencia a ejercicios espirituales y con frecuentes épocas de comunión diaria. Y, consecuentemente, de derechas. Ninguno cuestionábamos a Franco.

Bueno, pues tres meses después de dejar La Salle, en nuestras primeras vacaciones de Navidad como universitarios, todos menos uno nos habíamos hecho antifranquistas, izquierdosos y agnósticos. Magnífico éxito de la educación religiosa y represiva que habíamos disfrutado.

¿Fue entonces la clásica reacción de ir a la contra del padre? Puede ser, porque además el flamenco tenía un halo de marginalidad, incluso de cierta cercanía a la delincuencia, como siempre destacaron los intelectuales críticos con el flamenco, como la mayoría de los de la Generación del 98 y, bastante antes, Cadalso.

Pero eso no me vale para explicarme la afición al flamenco que adquirí poco después, a pesar de mi manía hacia la copla y los fandanguilleros, como conté más arriba. Una hipótesis atrevida: mi temprana afición a la música clásica me abrió los oídos para apreciar una música –la flamenca— que también es difícil, compleja y de gran calidad. La emoción vino después, al penetrar en los ancestros de los más conspicuos representantes del flamenco más enraizado: Chocolate, Terremoto, Pastora... Si es así, lo que no me explico es por qué hay muchos aficionados al flamenco a los que no les gustan ni les interesan otras músicas de calidad como la clásica o el jazz.

Mi primer Festival

Vuelvo a la historia, al principio de mi inmersión en el flamenco. En 1964 escuchamos en la "sala de audición" de Juanjo un disco fundamental: la Llave de Oro del Cante Flamenco, de Antonio Mairena, de quien hablaremos por extenso en su momento.

En el verano de 1967, el grupillo de "melómanos" fuimos al primer Festival de Flamenco de Almería, que se celebró en la Plaza Vieja. El cartel es sobradamente conocido, por lo que sólo me detendré en lo que para mí fue más relevante.

Siguiendo un esquema que se repetía en casi todos los festivales vera-niegos —y que se siguió repitiendo algunos años— había dos partes y en las dos cantaban todos, con un intermedio para el baile. En la primera parte era costumbre cantar soleares, seguiriyas, tientos…y en la segunda parte los cantes más festeros o libres, incluso solían atender peticiones del público.

Fosforito acababa de impactar a los aficionados con su famoso "disco azul", en el que, entre otros éxitos, había unas seguiriyas impresionantes. En la primera parte no las cantó y, aprovechando que mi amigo Juan José estudiaba en Granada y conocía al presentador —un conocido periodista que ejercía en Granada, Rafael Gómez Montero— pudimos acceder a Fosforito y le pedimos que cantara sus famosas seguiriyas del "disco azul" (1964). No lo hizo y, aparte de la decepción, nos pareció que ya andaba algo escaso de facultades para acometer el difícil cante.

La segunda y muy positiva impresión fue escuchar por primera vez a Chocolate. Nos dejó impactados su voz laína como un cuchillo y su rajo ancestral y enduendado, tan distintos de las voces que estábamos más acostumbrados a apreciar, como la del propio Fosforito, Menese (que también actuó aquella noche) o la del propio Mairena, más natural y contenida que la del genial Antonio Núñez. Con la ignorancia propia del novato yo pensaba que ya había comprendido el flamenco antiguo y auténtico, pero Chocolate me volvió como un calcetín y empecé de nuevo a meterme en el flamenco.

Años más tarde la voz de Chocolate se hizo más grave, pero siguió llegándome muy dentro, con ese extraño duende que tan pocos son capaces de concitar. Y no siempre, claro.

En 1969, una vez acabados los estudios y la mili, volví a Almería, donde no quedaba ni un amigo de mi pandilla. Así que me puse a buscar actividades culturales y recreativas. Almería era un desierto. Asistí un par de veces a la Tertulia Indaliana y me desanimó el provincianismo y la pretenciosidad. Eso sí, una vez escuché allí cantar a Sorroche. Por cierto, lo trataban con una amabilidad que me pareció algo condescendiente, con esa atención que conceden los señoritos a los artistas o artesanos del pueblo.

Por lo demás, la banda municipal daba un concierto de higos a brevas, la Biblioteca Villaespesa apenas tenía actividades y la Asociación Filarmónica no existía aún.

Descubrí que en el bar Bahía de Palma podía charlar de flamenco, escuchar grabaciones en casete que tenía Diego e incluso, a veces, algún cante de Pepe y Juan Gómez.

Como Almería es pequeña, y en aquellos años más, pronto supe de la existencia de la peña El Taranto y asistí a algunos de los recitales que organizaban cada dos semanas. Me colaba con facilidad (no me hice socio hasta 1981), lo que desmonta el tópico del elitismo y lo cerrado de esta institución señera.

La Peña no era considerada entonces una entidad cultural, ya que el flamenco aún no tenía el prestigio que hoy tiene en el mundo. Sin embargo era un foco de cultura, quizá el único auténtico en la Almería de entonces. La importancia que ha tenido y tiene en la cultura almeriense, tanto en la promoción del flamenco como de la propia ciudad, hace imprescindible que le dediquemos un cumplido capítulo en esta historia.

Agustín

Para mí, el flamenco de los años sesenta eran las emisiones de la radio local, que todos los días, a eso de la una ponían un rato de cante y los fines de semana realizaban programas variados, generalmente con artistas locales, incluyendo cantaores. Los más renombrados eran Pepe Sorroche y Barranquete. Por cierto, el programa de Radio Almería se llamaba "Cante y cañas". También recuerdo carteles pegados en las calles que anunciaban actuaciones de flamenco en la Terraza Imperial. Las letras más gordas siempre estaban reservadas a Juanito Valderrama.

En los últimos años de esa década, junto con el aborrecimiento de la canción aflamencada, que por supuesto incluía a las canzonetistas de la canción española, que tanto se llevaba y que era casi lo único que se escuchaba, empezó a despertar el espíritu contestatario de la época que haría iniciar la afición. En el recuerdo dos nombres: Menese y Gerena.

Por esa época fui algunas veces, dentro de los Festivales de España en la Alcazaba, a las sesiones de flamenco. La primera vez fue en 1970. Recuerdo sólo que venían todos los grandes y que un grupo de baile me impresionó: Los Bolecos. Pronto supe que eran nada menos que Matilde Coral, Rafael el Negro y Farruco.

De aquella época recuerdo vagamente algo de la tele: Roque Montoya "Jarrito", que destacaba por sus camisas con chorreras y gorgueras y por quitarse el sudor a puñados; Antonio el Bailarín bailando un solo flamenco; Antonio Mairena, a quien vi cantando —¿es posible?— los cantes del Piyayo que acabaron llamándose tangos de Málaga. Al tablao de Manolo Manzanilla nunca fui.

Yo conocía a Alfredo de toda la vida. Vivíamos muy cerca y jugábamos a casi todo: a las chapas, a los petos, al dólar, a los dardos y, por supuesto, al fútbol. Yo era muy malo y me ponían siempre de portero. También jugábamos a un "deporte" entonces muy practicado: el ajo pelotero. También había "juegos de mesa", entre los que predominaba el rey-verdugo.

En Madrid retomé el contacto frecuente con Alfredo. Por esos años —los primeros setenta— empezamos a frecuentar la taberna "Er Belén" en la calle Gaztambide, que regentaba un jerezano muy flamenco que se llamaba Ramón. Por aquel entonces, en el ámbito más o menos antifranquista, los dos cantaores más conocidos eran Menese y Gerena, más por su condición política que por sus grandes valores flamencos, pero cantaban su rebelión ante el sistema. Er Belén lo frecuentaban algunos profesionales; los que más recuerdo allí son Perico el del Lunar (hijo) y el propio Menese, siempre acompañado cada uno por su grupito de amigos. Lo que más impresionaba en aquella época eran las letras de Francisco Moreno Galván. Me viene a la cabeza aquel "señor que vas a caballo / y no das los buenos días, / si el caballo cojeara / otro gallo cantaría", que cantaba Menese por tientos. Gracias a él también escuché por primera vez cantar por marianas: "Cuándo llegará el momento / en que las agüitas vuelvan a su cauce, / las esquinas con sus nombres, / ni reyes ni roques ni santos ni frailes!".

Luego estaba el "Johnny" (sobrenombre del colegio mayor San Juan Evangelista). Allí se podía ver a toda la flor y nata del flamenco en Madrid, en los recitales que organizaba Alejandro Reyes, que era quien llevaba la cultura en el colegio. Con el salón lleno a tope, la afición —más antifranquista que flamenca— se calentaba y daba lugar a altercados con la "pasma".

En esos tiempos se produjo un hecho muy relevante para mí. Sería el mes de febrero de 1973 cuando una tarde me dijo Alfredo que en las próximas vacaciones de Semana Santa quería presentarme en Almería a su cuñado Antonio, que era aficionado al cante y al jerez. Así ocurrió, y en el inmediato miércoles santo, a eso de la una de la tarde, lo conocí. Desde entonces, ahí seguimos: cincuenta años.

Unos meses después conocimos, en el poco decoroso despacho de la redacción de *Ideal*, a Pepe Heredia. Nos presentó el "paisano" Miguel Ángel Blanco. Yo ya sabía de Pepe por haberlo visto en una entrevista en la tele hablando de los gitanos y su cultura.

En esos años de Madrid, un amigo que vivía en el colegio mayor Santa María de Europa nos instó a hacer allí algunas reuniones de flamenco. Nos reuníamos en un salón amplio 25 o 30 personas alrededor de un casete, escuchábamos un cante con delectación y luego nos explayábamos sobre el mismo, siguiendo las preguntas de los asistentes. A la tercera reunión ya vino Antonio, lo que significó un serio avance.

Alfredo

Vine al mundo en un año redondo, 1950, un 16 de septiembre, en la calle López Falcón (hoy Juan Pérez Pérez); en una calle de "señoritos" pero en un lugar bien modesto. En la casa-cochera de los Alvarillos. Esto es, nací en casa de mi abuela, nada de un paritorio ni un hospital ni lujo que se le parezca y, por supuesto, de madrugada. Me contó mi madre muchas veces que lo pasó muy mal. Se fue la luz, por aquello de las restricciones de la época, y alguien de las decenas de personas que pululaban por el caserón —supongo que alguno de los taxistas de la familia— salió disparado a pedir prestado un quinqué de carburo al célebre Café-Bar Los Espumosos (los dueños eran de mi familia paterna), en donde había unos cuantos por los continuos apagones. Así nací, a la luz de un "carburo", con mi madre combinando los dolores de un parto sin anestesia y el miedo espantoso a que el quinqué pudiera explotar. Según me contaba ella, su miedo superaba al dolor porque aquellos artilugios luminosos eran poco seguros y al personal, y más si estaba tratando de dar a luz, le producía un miedo espantoso.

Nací, por tanto, en las primeras horas de ese 16 de septiembre, pero como mi padre tenía un buen amigo en los talleres del diario *Yugo* (hoy *La Voz de Almería*), tuve tiempo, unas horas después, para "salir" en el periódico. Todo un récord del que he presumido siempre. De ahí, supongo, mi afición a aparecer en los papeles. Así, en el diario *Yugo* del domingo 17, en la página de "máximo" interés, junto al santoral y los cultos (con los horarios de las misas de ese domingo), el mercado y sus precios, el número premiado en el sorteo de la ONCE (tocó el 727), el tiempo meteorológico y la farmacia de guardia, se podía leer el siguiente "Natalicio":

Con toda felicidad ha dado a luz un precioso niño, segundo fruto de su matrimonio, la señora de nuestro buen amigo don Antonio Sánchez, de soltera María Luisa Fernández. Tanto la madre como el recién nacido, al que se impondrá el nombre de Alfredo, se encuentran en perfecto estado de salud. Reciban los venturosos padres nuestra más cordial enhorabuena.

Como cuenta Agustín (me lleva poco más de un año), de niños estábamos todo el día en la calle, en las horas que no estábamos en la escuela que, por cierto, tenía un horario prusiano. Íbamos a clase de lunes a sábados, mañana y tarde, y se descansaba el domingo y el jueves por la tarde. Y del colegio a la calle a darle patadas hasta a las latas. Recuerdo especialmente los eternos partidos de fútbol callejero, sólo interrumpidos por un par de coches que, casi siempre a la misma hora, nos obligaban a parar el partido. Otras veces había que salir corriendo por la presencia de un policía municipal o por la rotura de algún cristal de alguna casa por un pepinazo desviado en el ardor competitivo. Más de una vez los partidos, que eran interminables, finalizaban bruscamente cuando el dueño de la pelota (un balón de reglamento, como ahora tienen la mayoría de los niños, sólo lo veíamos en el NODO) se cabreaba por algún incidente del juego y se llevaba el esférico (o casi) a su casa. Ahí, en la calle, se forjó mi afición desmedida y mi verdadera vocación: llegar a ser delantero centro de un equipo profesional. Ni que decir tiene que todo quedó en agua de borrajas.

En las casas en las que yo pasé mi niñez y adolescencia siempre había una radio sonando de fondo, en las que la música folclórica —ahora sé que todo un revoltillo de copla, flamenco de la época (fandangos, tanguillos...)— se mezclaba con los corridos mexicanos y canciones que ya iban modernizando los gustos del personal más joven, por la influencia de los discos, los guateques, los grupos musicales que interpretaban música importada, traducida o chapurreada.... En fin, un lío del que se disfrutaba, especialmente, en los programas de "discos dedicados", programas de gran popularidad en los que, además de las dedicatorias de la canción preferida a la madre, a la novia, al abuelo o vaya usted a saber, se aprovechaba para enviar mensajes "telegráficos" de gran utilidad: "Pepita López dedica esta canción a su padre, sabiendo que le gusta, y le avisa que llegará a Beires el jueves en el 'alsina' de la tarde para que baje con la caballería a recogerla".

Antes he dicho que mi verdadera pasión ha sido, y sigue siendo, el puñetero fútbol, desde que iba con mi padre y mi hermano mayor, José Antonio, al viejo Estadio de la Falange (hoy de la Juventud) a ver jugar al Atlético Almería. Puedo todavía decir de carrerilla la alineación del equipo que ascendió, en la segunda mitad de los años cincuenta, a la segunda división española. Un acontecimiento histórico para toda la provincia. Pero a lo que vamos en este libro; después del fútbol siempre estuve enganchado a la música, aprendiendo las letras de algunas canciones y cantándolas en voz alta, venciendo mi gran timidez. Con diez años de edad, más o menos, nos íbamos (¡solos!) al famoso local "Los electrónicos", en el Paseo del Generalísimo, hoy Paseo de Almería, esquina Rueda López. Allí, además de gastarnos las pocas pesetas que teníamos jugando a las máquinas (*flippers*), escuchábamos la música de moda de una maravillosa máquina tocadiscos que antes sólo habíamos visto en las películas americanas. Los jóvenes más adinerados introducían unas monedas, elegían una canción de la lista de discos que la máquina tenía apilados, pulsaban el botón correspondiente y "milagrosamente" el primer robot que conocí encontraba el disco elegido, lo colocaba en el plato y la aguja extraía de los surcos de vinilo las músicas de moda. Todo un mundo mágico. Recuerdo especialmente una canción que canté mil veces: "Marcianita", del cantante argentino Billy Cafaro: "Quiero una chica de Marte que sea sincera, / que no se pinte, ni fume/ ni sepa siquiera lo que es el rock and roll. /Marcianita, blanca o negra, / espigada, pequeña, gordita, / delgada, serás mi amor. /La distancia nos acerca/ y en el año 70 felices seremos los dos...".

Billy Cafaro fue, pues, mi primer ídolo musical aunque fue pronto sustituido en mis preferencias por el canadiense Paul Anka, una celebridad de la época. Creo que fue Radio Juventud de Almería (había dos emisoras: Radio Almería EAJ-60 y Radio Juventud) la que organizó un concurso popular para elegir el artista musical preferido por los almerienses. Recuerdo que tuvo mucho éxito y los oyentes participaban votando a sus ídolos. Llegaron a la final Alfredo Kraus y Paul Anka. Y aquí me tienen a mí, un domingo, recogiendo por el Paseo firmas con votos para Paul Anka. Si no lo he soñado se celebró un programa en directo en el desaparecido Cine Roma (calle de la Reina) en el que, con todo el suspense del mundo, se contaron los votos que dieron la victoria a Paul Anka. ¡Lo habíamos conseguido!

No había cumplido los diez años cuando mi siempre recordado maestro D. Rafael Sánchez recomendó a mis padres que dejara la escuela y me preparara el examen de ingreso y el primer curso de bachiller por libre, con la ayuda de una prima mayor, Isabel, que hacía de profesora particular. Era un niño estudioso, el contenido de los libros me parecía sencillo para lo que había aprendido con D. Rafael y tenía mucho tiempo libre. En el continuo proceso de traslados familiares nos fuimos a vivir a una casa en "El Tejar" junto a la Rambla de Belén, y mientras hacía nuevos amigos de juegos me tiraba horas escuchando la radio. Me inventé un *hit parade*. En unas cuartillas iba apuntando los intérpretes de los programas de discos dedicados, a los que antes me he referido. Me lo pasaba pipa poniendo cruces junto a los nombres de los artistas de las canciones dedicadas. Recuerdo uno que barría en mi clasificación: Enrique Montoya. Enrique, nacido en Utrera en 1921, estuvo siempre en la frontera del flamenco, entre la canción y el cante. Solía acompañarse a la guitarra, aunque en su larga y exitosa trayectoria compartió trabajos con Paco de Lucía y Manolo Sanlúcar, nada menos.

Otros nombres que tenían buenos puestos en mi *hit parade* y que me suenan a frontera flamenca: Luisa Linares y Los Galindos, Manolo El Malagueño, nuestro paisano Manolo Escobar, la Niña de la Puebla, Marifé de Triana, la Niña de Antequera, el maestro Juanito Valderrama ("El Emigrante", "Su primera comunión"...), Porrina de Badajoz y el salmantino Rafael Farina (tío de Diego "El Cigala"), entre otros que harían la lista interminable. Rafael Farina, por cierto, era el ídolo de mi padre. Recuerdo como si fuera ayer a mi padre en el cuarto de baño los domingos (de lunes a sábado estaba fuera porque era viajante de comercio) cantando "Vino amargo" de Farina. Eso creía yo que era el flamenco, mientras bebía los vientos por Paul Anka, el Dúo Dinámico y Los Cinco Latinos.

No tengo recuerdo alguno de mis tiempos del bachillerato en relación con la música flamenca, aparte de las incursiones domingueras de mi padre con los fandangos más populares. Hasta que terminé el curso preuniversitario (el célebre PREU). Era un día de agosto de 1967 y estábamos en la playa de Torregarcía, a donde íbamos Antonio y yo a bañarnos con nuestras novias, Pili y Asun. Me contó entusiasmado que había estado en un festival de flamenco (el primero de Almería) y recuerdo que se me quedó grabado el nombre de un joven cantaor —José Menese— que lo emocionó especialmente por su voz joven, desgarrada, y por las letras "políticamente atrevidas" de Francisco Moreno Galván. Ahí comenzó para mí el flamenco que hoy conozco y disfruto.

En octubre me fui a estudiar a Granada, de la que no guardo recuerdos relacionados con el flamenco, ni en la Universidad ni en el Colegio Mayor Isabel La Católica. Supongo que en las vacaciones, con Antonio, que tenía tocadiscos, mantuve la llama encendida. Fue en el segundo curso, que me trasladé a estudiar a Madrid, cuando el cante jondo ocupó (junto a las películas de "arte y ensayo" y unos libros que me abrieron tempranamente una visión política amplia, fresca, nueva y ya soñada) buena parte del tiempo que pude dedicar a la cultura. La Ciudad Universitaria, en el curso 1968-69 (y los siguientes), estaba literalmente tomada por la policía (los tristemente célebres "grises") con sus "lecheras", los cañones de agua, los caballos y los helicópteros. Coger el autobús por la mañana en Moncloa para dirigirse al interior de la Ciudad Universitaria era en aquellos años convulsos una aventura que hacía más difícil la ya complicada carrera que se me había ocurrido elegir. Y en este ambiente de manifestaciones, desalojos, huelgas etc. el flamenco, mire usted por dónde, tuvo un papel destacado. Eran muchos los carteles —colocados en los árboles, en las paredes de los edificios, en los comedores del SEU...— en donde se anunciaban recitales de flamenco del bueno, del jondo, que había irrumpido en el mundo universitario por vez primera como otra vía importante de transmisión del grito contra el régimen dictatorial. Y ya no solamente eran los cantaores más comprometidos, como José Menese, Manuel Gerena y Enrique Morente. El mundo universitario más "progre" (que era legión) había descubierto el flamenco, el grito desgarrado contra la injusticia, contra el racismo. Chocolate, Agujetas, Carmen Linares, María Vargas, Manuel Soto "Sordera", Fernanda y Bernarda de Utrera, Manolo Sanlúcar, Paco de Lucía, Los Habichuela, Melchor de Marchena y un jovencísimo Camarón de la Isla. Y en la cumbre de la integración cultural, el maestro Antonio Mairena. El libro *Mundo y Formas del Cante Flamenco*, de Ricardo Molina y el propio Antonio Mairena, corría de mano en mano y se convertía en una biblia iniciática para los interesados por esta música que había conquistado nuevos espacios progresistas, culturalmente más ricos que los habituales del flamenco de la juerga, del reservado para señoritos, del tablao o de la venta en la carretera.

Recuerdo que fue mi compañero de curso Fernando Sánchez, madrileño de adopción y hoy, con las vueltas que da la vida, socio de El Taranto, quien me habló por vez primera de la importancia musical (jazz y flamenco) del Colegio Mayor San Juan Evangelista (el "Johnny") y del activista cultural José Luis Ortiz Nuevo ("el Poeta"). Después conocimos la labor impagable de nuestro célebre y laureado paisano Alejandro Reyes, columna maestra del ya mítico "Johnny".

En 1969 Agustín se va a estudiar a Madrid y ya convertimos el flamenco en una vía de escape de nuestra poco cómoda vida en el foro. Fueron muchos espectáculos flamencos, no solamente en el "Johnny" sino también en otros colegios mayores (Chaminade, por ejemplo) y escenarios universitarios, en los que disfrutábamos de un flamenco en alza, un flamenco del bueno, del auténtico, que había sido adoptado por la juventud más ilustrada como un medio más de gritar contra el régimen opresor. Y la policía, por supuesto, al acecho. Nos consta que algunos conciertos flamencos acabaron como el rosario de la aurora o, simplemente, fueron suspendidos por orden gubernativa.

Agustín vivía en una pensión estudiantil de la calle Andrés Mellado, en pleno barrio de Argüelles. Yo residía en una casa que alquilaba habitaciones a estudiantes (Dª Amparo y D. Francisco, con los que acabé estableciendo una relación casi familiar) en la calle Cartagena. Cuando dejaba los libros tomaba el metro Diego de León-Argüelles y me encontraba con él en una tabernita jerezana (tabanco) situada en la calle Gaztambide, cercana a su pensión. Un auténtico descubrimiento y un refugio que casi nos cambió la vida. Agustín ya cuenta en este libro detalles sobre este pequeño templo del flamenco y de la cultura en general. El dueño, el jerezano Ramón Martín, fue un amigo, un confesor, un benefactor para nuestros, a veces, ánimos débiles.

Cuando Agustín se trasladó a Málaga yo seguí teniendo a "Er Belén" como mi refugio de referencia. Ya terminada la carrera, casado y residente en Madrid, Asun y yo tuvimos al tabanco de Ramón como lugar de peregrinaje flamenco y gastronómico, del que heredamos recetas que hoy disfrutamos. "Er Belén" se trasladó luego a un local más grande y elegante en el complejo Galaxia, tristemente célebre por la operación golpista. La calidad se mantenía pero ya no fue nunca igual.

En 1982 nos trasladamos definitivamente a Almería, y sin solución de continuidad me hice socio de la peña El Taranto y entré como secretario en la primera directiva que presidió Lucas López. Ramón Martín y su mujer, Paloma, se fueron a vivir a Jerez, en donde abrieron una galería de arte en pleno barrio de Santiago. Muchos años después de perder todo contacto con ellos recibí una llamada telefónica de Ramón Martín quien, hablando de flamenco, como es lógico, me recomendó a un joven cantaor jerezano que cantaba "que quitaba el sentío": Ezequiel Benítez. Sólo le pusimos a Ramón una condición para contratar al recomendado: que viniera con él a Almería. Por supuesto aceptó encantado y todos disfrutamos del debut de Ezequiel en los aljibes de El Taranto. Ramón Martín, una vez más, cumplió con creces su labor de darnos a conocer artistas excelentes.

Sigue la historia común

Nos sorprendimos cuando Menese elogió a un cantaor muy poco conocido entonces, Antonio Mairena, que muchos confundían (confundíamos) con Pepe Mairena, el de la ovejita Lucera. Hasta entonces Antonio Mairena estaba cantando atrás, para Antonio Ruiz. La figura popular era Manolo Caracol, tanto para los aficionados clásicos como para los públicos de espectáculos más o menos mixtificados, desde la llamada "ópera flamenca" hasta las zambras del propio Caracol con Lola Flores.

Para nosotros, cuando nos iniciamos en el flamenco, Caracol era poco más que un recuerdo de la posguerra, que montaba espectáculos alejados del flamenco "puro" y que, por tanto, formaba más parte del folclore y de la canción española que del flamenco. Era el dueño del tablao "Los Canasteros" de Madrid y ya está. Luego, ya de mayores, supimos de su categoría y su jondura.

En los años sesenta-setenta estuvo bastante extendida la división irreconciliable entre caracoleros y mairenistas. Eran forofos que no admitían nada de la calidad del otro. Algo así como la vieja rivalidad entre partidarios de Joselito y de Belmonte. O la actual entre hinchas del Real Madrid y del Barcelona.

Los caracoleros decían que Mairena era un cantaor frío y previsible. Y los mairenistas renegaban de las mixtificaciones de Caracol, que lo alejaban del meollo del flamenco auténtico. Ambos tienen una pequeña parte de razón, porque Caracol representa el aspecto dionisíaco del arte y Mairena el apolíneo, según la distinción que tan bien estudió y desarrolló Nietzsche en su *El origen de la tragedia*: lo apolíneo es objetivo, ensueño, serenidad, medida, conocimiento de sí mismo. Lo dionisíaco es subjetivo, embriaguez, desmesura, conocimiento a partir del binomio alegría-dolor.

Caracol, de voz "afillá", era extrovertido, caliente, con arrebatos emocionantes. Conseguía esos momentos de alta emoción rápidamente, como un puñal que te clavan. Es lo que los aficionados suelen denominar "pellizco". Mairena, de voz natural, era sereno, introvertido, conseguía ese pellizco de emoción con la búsqueda interior. Llegaba más tarde, pero al aficionado atento le llegaba. Era oírlo cantar veinte o veinticinco minutos seguidos por soleares para que se perdiera la noción del tiempo.

Nietzsche decía:

La evolución progresiva del arte es el resultado del "espíritu apolíneo" y del "espíritu dionisíaco", de la misma manera que la dualidad de los sexos engendra la vida (...) estos dos instintos tan diferentes caminan parejos, las más de las veces en una guerra declarada, y se excitan mutuamente a creaciones nuevas, cada vez más robustas.

No se puede decir nada mejor para concluir que los dos, Caracol y Mairena, fueron necesarios y fecundos para ese medio siglo de oro del flamenco. Pero vete tú a decírselo a los forofos de ambos bandos.

Con el tiempo, aquella polémica se fue diluyendo y hoy prácticamente todos, artistas y aficionados, aceptan que ambos cantaores fueron grandiosos, cada uno a su manera. Que Mairena fue un gran cantaor, además de un reformador, y que Caracol fue un gran cantaor a pesar de sus "excursiones".

Eso sí, la influencia de Antonio Mairena en el devenir del flamenco durante los años siguientes es indiscutible. Indiscutible y merecida. Los años 70 fueron los años del mairenismo. Aún quedaban ecos de la época de Caracol, pero eran minoritarios.

Si hemos escrito "prácticamente todos" es porque aún colean restos de aquella polémica en pequeños pero influyentes círculos. En 2007, muchos años después de desaparecidos ambos cantaores, se estrenó en la Bienal de Málaga un espectáculo llamado "Zambra 5.1" que, sin apenas disimulo, se dedicaba a ridiculizar a Antonio Mairena. A cuenta de su curiosa expresión "la razón incorpórea", con la que quería expresar que tenía la misión de dignificar el flamenco, hicieron aparecer en escena una especie de fantasma encapuchado del que se burlaban en nombre de la "libertad" del cante, señalándolo como cabeza de un movimiento inquisidor contra Caracol.

Lo curioso es que en vez de emplear a un cantaor de estirpe caracolera (los hay a puñados) pusieran a Arcángel, magnífico artista pero cuya forma de cantar está más próxima a la de Vallejo o a la de Morente que a la de Caracol. O quizá no es tan curioso: entre los autores, promotores y colaboradores de "Zambra 5.1" había parientes y seguidores de Morente y conocidos flamencos como José Luis Ortiz Nuevo, Manuel Bohórquez y el mánager Toni García.

Resulta que más o menos por aquellas mismas fechas hubo unas polémicas conferencias en Madrid y en algunos sitios más, como Granada, en las que se proponía que los tres hitos fundamentales de la historia del flamenco eran Silverio Franconetti, Antonio Chacón y Enrique Morente. Si esto no tiene tintes racistas que venga undebel y lo diga.

Para volver –y terminar– con los antecedentes, como dijimos más arriba, escuchamos en 1965 el disco "La Llave de Oro del Cante Flamenco" que había grabado Antonio Mairena en 1964; la Llave se la dieron en Córdoba en 1962. Antes, en 1960, había grabado las dos antologías que conocimos después y que nos cambiaron la idea que teníamos del flamenco: pasamos del casi odio al flamenco barato de la radio y las *troupes* al interés por las letras de protesta política y social y, después, al descubrimiento del flamenco puro gitano. Luego vendría el deslumbramiento con Chocolate y otros cantaores de similar estirpe: Terremoto, Agujetas, Fernanda...

También por aquellas fechas, concretamente en 1963, se fundó El Taranto. Por su decisiva influencia en el flamenco, no sólo local sino a escala universal, le dedicaremos un amplio capítulo, el 7.

Además, a partir de 1981 nos incorporamos como socios y directivos y, en buena medida, nuestra historia se funde con la de la Peña.

Ahora volvemos atrás para contar los cambios que se habían iniciado a mediados de los cincuenta y que justifican el título de este libro.

Enrique Morente con Juan y Pepe Habichuela. 16-1-93

3 | Tiempo de cambios

La renovación de Mairena y Fosforito que hemos citado al inicio de la introducción no fue un hecho casual sino más bien algo inevitable, algo así como un movimiento pendular, después de muchos años de devaluación del cante en el espectáculo y en la discografía durante las primeras décadas del siglo XX. Para decirlo con palabras de un cantaor y testigo directo de la época entresacamos unas frases que Fernando el de Triana puso en la introducción "A modo de prologuillo" de su libro *Arte y artistas flamencos*, publicado en 1935:

Con bastante frecuencia nos ofrecen un espectáculo de la mal llamada Ópera flamenca: y lo primero que aparece es un puñado de niños más o menos cuajaditos (entre ellos los hay tan malos que piden a voces la reaparición de Herodes). Estos niños, ya se sabe: fandangos y más fandangos, pero todos iguales; y si el público tiene el mal gusto de hacerles repetir, se dejan venir con el 'Sordao herío' o 'Juan Simón', y ya tenemos a dicho público sin acción para decir ¡ole! con el entusiasmo y la alegría que se dice después de haber oído una buena sesión de soleares o seguiriyas.

El cantaor-escritor hace después una larga rememoración de los grandes cantaores que él mismo escuchó cincuenta años antes de escribir el libro. Cuenta que en los cafés cantantes alternaban las figuras y la gente iba de un café a otro para escucharlos; y concluye el prólogo: "¿Iría alguien hoy, de un teatro a otro, a escuchar a dos de esos niños...de las milongas?"

Diez o quince años después de este libro de Fernando el de Triana parece que se estaba extendiendo la necesidad de volver a las raíces. De ahí el éxito de las propuestas de los dos Antonios, Mairena y Fosforito: de los fandanguillos y las milongas —en ambos sentidos de la palabra— se vuelve a prestar atención a las tonás, las seguiriyas y las soleares como base, y a la recuperación de viejos estilos poco frecuentados.

El fervor llegó hasta el punto de que en los primeros festivales, en los años sesenta y primeros setenta, en los casos en que los cantaores intervenían dos veces, la gran mayoría hacía casi exclusivamente cantes "duros" –seguiriyas, soleares, tientos— en la primera parte.

La recuperación y revalorización de las raíces alcanzó también a clásicos olvidados o marginales como Tomás Pavón, Piriñaca o Borrico y puso en primer plano a profesionales menos valorados hasta entonces como Chocolate, Chano Lobato, Agujetas, Sordera, Fernanda...

Y propició la aparición de varias generaciones de artistas que hoy están en la mente de todos como Camarón, Morente, Lebrijano, Menese, Pele, Macanita...hasta los más recientes Arcángel o Israel Fernández. Pero no nos adelantemos, saldrán a escena en los siguientes capítulos.

Movidas en los 70 y en los 90

Como siempre pasa, con los años se llegó a un exceso de academicismo. Los guardianes de la recuperada ortodoxia, entre ellos los mairenistas más acérrimos, se posicionaron contra todo intento de novedades. Porque la nueva ortodoxia la había fijado principalmente Mairena en una larga colección de discos, especialmente en dos antologías, y en el citado libro *Mundo y formas del cante flamenco*, escrito conjuntamente con el poeta Ricardo Molina en 1963.

La causa principal es que muchos identifican "puro" con ortodoxo, lo que nos parece un error grueso, aunque bastante habitual. A nuestro modo de ver, la pureza es la autenticidad, lo enraizado, no la copia simple y mimética.

Y como el arte no es una pieza de museo, los artistas necesitan cambiar y experimentar. Así que con los años se hizo necesario otro cambio y llegaron artistas capacitados para hacerlo. Los más avanzados y geniales (de ahí su influencia) fueron Camarón, Paco de Lucía y Enrique Morente. En cierta medida también Lebrijano y las letras de Moreno Galván y de otros como Gerena.

Al principio no aceptó casi nadie los cambios de Morente, y los de Camarón se aceptaron especialmente en el mundo gitano, pero sólo hasta cierto punto: cuando grabó "La leyenda del Tiempo" (1979) el rechazo fue casi general: sólo se vendieron algo menos de seis mil discos. Cuentan que los gitanos viejos (y no tan viejos) iban a las tiendas a devolver el disco, indignados.

Sin embargo, sí que lo entendieron los músicos de todo el mundo, que lo tenían por un genio único. También Enrique Morente y Paco de Lucía son admirados internacionalmente.

Aquí nos parece interesante, necesario incluso, intentar un somero análisis de las diferencias entre las innovaciones de Morente y Camarón:

Camarón profundiza en las raíces, es ancestral pero le añade al cante una nueva mirada y unas emociones más actuales. Además, claro, de su gran calidad como intérprete, su voz privilegiada y la entrega absoluta siempre, aunque se estuviera muriendo.

La coincidencia y confluencia con Paco de Lucía —ambos destacadísimos no sólo por el uso de sus magníficos registros y facultades personales sino por sus grandes virtudes creadoras— pueden llevar a pensar sobre si se trató de un azar estadístico o si flotaba ya en el aire un ambiente adecuado para que estos genios surgieran.

Enrique Morente, quizá algo menos dotado como intérprete pero con un genio musical indiscutido, se abre más a nuevas músicas, hace incursiones y experiencias más universales. En lo que coinciden los tres genios es en la aportación que hicieron, llevando el flamenco a públicos mucho más amplios y variopintos. Especialmente el cante, porque la guitarra y el baile ya eran más conocidos y apreciados por esos públicos.

Si Mairena contribuyó a llevar el flamenco a ámbitos intelectuales que antes no lo respetaban, estos tres lo han llevado a públicos habituados a otras músicas, otras culturas.

El siglo XXI

La abundancia de discos y festivales empieza a decaer a finales del siglo XX. Como ejemplo significativo contaremos un caso que vivimos muy de cerca. En 1983, mucho antes del efecto de la música barata (o gratis) por Internet, ya había bajado el interés de las discográficas por el flamenco. Aparte de Camarón y algunos rumberos el flamenco no vendía. A Antonio Mairena nadie le quiso pagar medio millón de pesetas por un disco que tenía preparado desde algún año antes. Finalmente lo regaló a la Institución Social para la Tercera Edad de los Artistas Flamencos (ITEAF), lo grabó pocos meses antes de morir y se vendió tras su muerte. Más detalles en el capítulo 8, en el largo apartado dedicado a esta entidad.

Lo que se empieza a denominar "flamenquito" surge a partir de las rumbas y del éxito de Camarón. Primero fue el sonido Caño Roto de Madrid y la rumba catalana. Se basan en los ritmos festeros, la rumba y en mezclas con sones latinos. Es parecido a lo que pasó con la ópera flamenca de la época de *los niños*, que se basaba en la exageración de los melismas flamencos, en las letras lacrimógenas y en excesos "tiroleses", como los llamaba Climent.

Y luego la cosa ha ido a peor. Ahora incluso se mezclan ritmos y sones africanos, y síncopas "jazzeras", tanto por parte de algunos cantantes que se pretenden "fusionadores" de flamenco, como de algunos guitarristas "modernos", que no sólo los usan para composiciones solistas sino hasta para acompañar unas seguiriyas, lo que ya es motivo de desconcierto para cantaor y aficionados.

Las mezclas, mestizajes, fusiones…han llegado a extremos poco identificables con el flamenco (Niño de Elche, bailaores/as desquiciados, mezclas sin sentido, etc.) que quizás propiciarán una nueva etapa de vuelta a las raíces, según el clásico esquema del péndulo. Quién sabe.

Por todo esto es por lo que creemos que se justifica el apelativo de "Medio siglo de oro del flamenco", el que va desde mediados de los años cincuenta hasta principios del siglo actual.

Es verdad que ahora se aprecia mucho más el flamenco en el extranjero y en los medios culturales (no sólo musicales), pero ese aprecio es bastante mayor por la guitarra y el baile que por el cante.

A este respecto es muy significativo lo ocurrido recientemente en la entrega de los premios Grammy de 2023, que además tuvo lugar en la "flamenquísima" Sevilla: intervinieron muchos cantaores y cantaoras de primerísima fila, pero el público sólo se puso en pie con la bailaora Sara Baras y con José Mercé, éste debido claramente a la popularidad de sus discos no flamencos y a su constante aparición en las televisiones.

Y es que el cante más profundo y auténtico es muy difícil de ejecutar y también de entender, aunque nos parece indiscutible que es el origen y la base del flamenco.

Al menos a los aficionados nos llega más adentro, porque, como dijo Antonio Mairena en su último recital en público (Almería, mayo de 1983, en la peña El Taranto): "para cantar por seguiriyas hay que dar el corazón por entero".

Cuarenta años después, en ese mismo escenario, la cantaora Encarna Anillo se refirió a otras vísceras para expresar una idea idéntica: "para cantar por derecho hay que echar el páncreas y el hígado: si no, no es flamenco".

Camarón es la máxima prueba reciente. Pero no sólo por la fuerza de su instrumento. Un par de ejemplos: Rancapino, con muy poca voz, también consigue emocionar porque lo da todo, siente lo que canta y lo transmite. María la Perrata, madre de Lebrijano y Pedro Peña, nunca fue profesional, pero los gitanos del pueblo a veces iban a buscarla y le pedían: "María, venimos a que nos cantes porque tenemos ganas de llorar". María y Rancapino tienen duende. ¡Ay, el duende! Nadie sabe definirlo pero todos los aficionados sabemos lo que es. Y hemos llorado.

Se puede cumplir e incluso triunfar en muchos tipos de música con un poco de gusto, melodías pegadizas y un pelín de voz. En el cante flamenco, no. Y aun así, ese cante auténtico con duende y fuerza no les llega a todos, ni mucho menos.

Volviendo al inicio de la época de oro que glosamos, hay que reseñar que también hubo cambios en todos los aspectos relacionados: guitarra, baile, discografía, publicaciones y espectáculos públicos.

En los festivales, desde que empezaron en 1958, siempre ha predominado el cante. A partir del fin del milenio ha disminuido bastante el número de festivales, aunque se hacen otros tipos de espectáculos y el flamenco entra en los festivales de jazz, de música clásica... y hasta en el Espárrago Rock triunfó Chano Lobato.

Pero esto se sale ya del ámbito que relatamos en este libro. Sobre los festivales y otros espectáculos en distintos escenarios trataremos con más amplitud en el capítulo 5. Ahora vamos a abrir un amplio capítulo para tratar de los cambios habidos en la guitarra, el baile y el teatro flamencos.

Festival en el Teatro Cervantes de Almería, 20 de mayo de 1988. De izquierda a derecha: Matilde Coral, José Mercé, Curro Malena, Camarón, Chano Lobato, Tina Pavón, Rafael El Negro. Sentados: Pepe Habichuela, Tomatito y Quique Paredes.

4| Guitarra, baile y teatro

La guitarra y el baile (no tanto el teatro) experimentaron un fuerte desarrollo en esta época que estamos glosando. Incluso puede que más que el cante, al menos en aspectos técnicos y, desde luego, en su difusión y prestigio por todo el mundo. Nosotros hablamos más del cante porque es la base, lo más difícil de ejecutar (a pesar de las indudables dificultades técnicas de la guitarra y el baile) y lo más difícil de entender por los que no están al menos algo iniciados o son muy versados en todo tipo de músicas.

Desde luego, la adoración que suscitó (y aun suscita hoy) Camarón o la que hubo hacia algunos otros en otras épocas (Manuel Torre, Chacón, La Niña de los Peines, Terremoto, Caracol...) por parte de los públicos más entendidos no es comparable con la admiración por las grandes figuras del baile y la guitarra, con la excepción de Paco de Lucía: aunque no era gitano, éstos lo veneran aún hoy.

La guitarra

No pretendemos hacer ni un análisis ni una historia completos de la guitarra, anteriores a los años en que empieza nuestro relato. Existen muchos y muy buenos estudios, algunos de ellos realizados en Almería, como los reconocidos de Norberto Torres. Sólo haremos una breve introducción para centrarnos en comentar el auge, el desarrollo y el éxito de tantísimos guitarristas en este medio siglo de oro que glosamos.

Remitiéndonos a los escasos testimonios escritos antes del siglo XX –Cadalso, Estébanez Calderón y pocos más— parece claro que la primitiva función de la guitarra en las fiestas y reuniones flamencas era dar unos acordes para que el cantaor se entonase y siguiera el compás. En este papel la guitarra fue (y es) un importante apoyo a la hora de llevar el compás para muchos cantaores no muy duchos en la materia.

Posteriormente introdujeron falsetas (solos de guitarra) que servían de alivio al cantaor y que iban permitiendo el lucimiento del tocaor. También servía la guitarra para agrandar el efecto de algunos cantes, por ejemplo los fandangos y las malagueñas; y, avanzado el tiempo, llegó a ser un elemento fundamental de la bulería.

Sin embargo, hay que recordar que en las primeras grabaciones discográficas, ya en el siglo XX, los guitarristas tuvieron bastante protagonismo a pesar de los escasos tres minutos que permitía el espacio de aquellos discos de pizarra. Incluso eran contratados por las casas discográficas para que dijeran qué cantes y qué cantaores tenían que grabar. El caso más sonoro es el del mítico *Archivo del Cante Flamenco* editado en Francia por Hispavox en 1958: el guitarrista Perico el del Lunar fue el director y el que diseñó el contenido de tan importante y pionera antología.

Entre los cantes que se grabaron por primera vez estaba la alboreá, lo que molestó a muchos gitanos porque era un cante de boda, privado y en cierto modo sagrado. Luego se ha cantado en público con normalidad, pero, en recuadro aparte, contamos una anécdota que muestra el rechazo que provocó aquella grabación.

La evolución hacia el concierto de la guitarra solista se ha ido produciendo de forma natural, pues conforme aumentaba el trabajo y la inspiración de los tocaores mayor era su necesidad de expresarse. También

> *El cantaor que grabó la alboreá en el Archivo de Hispavox fue el gitano jiennense Rafael Romero "El Gallina". Aquello le dio fama de gafe, hasta el punto de que casi treinta años después fuimos testigos de una situación bastante chusca. En el X Congreso de Actividades Flamencas que se estaba celebrando en Jaén en 1982 fuimos Lucas López, Paco Vallecillo y Antonio a comer con Antonio Mairena y Fosforito. Mairena pidió ir a un sitio apartado porque no quería encontrarse con "El Gallina", al que tenía por gafe. Cuando estábamos a medio almorzar en un reservado del Jockey, apareció el citado cantaor local y era digna de ver la cara de Mairena cuando Rafael lo abrazaba repetida y efusivamente.*

obviamente dependiendo de la competencia entre los numerosos artistas que afortunadamente se ocupan de esta faceta del flamenco.

En los años sesenta empiezan a destacar como concertistas varios jóvenes guitarristas: Paco de Lucía, Manolo Sanlúcar y Serranito, junto con el más veterano Manolo Cano, que ejercía ya su magisterio. Manolo mantuvo siempre una especial relación con nosotros y con El Taranto, amistad que siguió –y sigue– con su hijo José Manuel.

Almería, como venimos recalcando, también fue protagonista en esta faceta. En 1968 se celebró el I Festival de Guitarra Flamenca en la Plaza Vieja, con la participación de Manolo Cano, Serranito y "una joven figura de veinte años, Paco el de Lucía". El mismo cartel se repitió en 1969 en la Alcazaba. En el mismo escenario, en 1970, tocó Paco de Lucía, y "como teloneros" el mítico grupo Los Bolecos. La cuarta y última edición, organizada por la peña El Taranto, como las tres precedentes, fue en 1971, de nuevo con Paco de Lucía, esta vez en solitario.

No ha habido más ediciones de este Festival que, dicho sea de paso, no entendemos por qué no se ha recuperado como hemos pedido con cierta frecuencia.

Eso sí, Paco de Lucía vino otra vez a Almería de la mano de la peña El Taranto; fue en 1974, como colofón de la III Semana Flamenca de la entidad. Se celebró en el Teatro Cervantes.

Poco antes, en 1973, Tomatito debutó con 13 años en la sede de El Taranto. A partir de entonces, José ha acompañado a todo tipo de cantaores en El Taranto, año tras año.

También fue apoyado por la Peña en sus inicios Juan José Heredia "Niño Josele". Al inicio de su carrera conoció allí a Enrique Morente, con consecuencias que se cuentan en el espacio dedicado a Morente.

En 1992 celebramos el centenario de Antonio de Torres en El Taranto con varios actos, entre ellos un concierto de tres jóvenes almerienses de 18 años: Niño Josele (guitarra flamenca), Antonio Gómez (jazz, funky) y Juan Francisco Padilla (guitarra clásica).

La guitarra de acompañamiento ha tenido un gran desarrollo en esta época. Las grandes dinastías jerezanas (Moraos, Parrillas...), granadinas (Habichuelas) y sevillanas (Niño Ricardo, Melchor de Marchena...) han seguido dando vástagos ilustres y creando escuelas con múltiples seguidores. La nómina es muy larga y continúa creciendo en todos los rincones, ya no de Andalucía, sino del mundo.

Las academias y conservatorios proliferan, repetimos, por todo el mundo. La técnica se ha desarrollado enormemente, aunque más en la guitarra solista. En el acompañamiento hay una tendencia, creciente entre algunos jóvenes intérpretes, a introducir acordes y ritmos no flamencos, con resultados poco adecuados para el desarrollo del cante.

Hay una serie de parejas cante-guitarra que han sido y son señeras en estas últimas décadas y que han marcado nuestro tiempo: Antonio Mairena con Melchor de Marchena, Fosforito con Juan Habichuela, La Paquera con Parrilla, Camarón con Paco de Lucía y luego con Tomatito, Enrique Morente con varios grandes, pero sobre todo con Pepe Habichuela, José Mercé con Moraíto Chico, o la reciente de Arcángel con Miguel Ángel Cortés.

Una auténtica pléyade, que podríamos ampliar si nuestra intención fuera hacer una historia exhaustiva en vez de una semblanza admirativa sobre una época.

La guitarra ha podido romper sus límites por varias razones: por su independencia del cante al dedicarse al concierto solista o con grupo; por la gran dedicación que exige el instrumento; y porque los aficionados solemos ser menos exigentes, muchas veces por poco conocimiento. Además, los buenos guitarristas conocen todo el cante y todos los estilos porque acompañan a todo tipo de cantaores. Otra cosa son los que se dedican casi exclusivamente a solistas.

Por otra parte, para públicos no aficionados al flamenco, la guitarra es más fácil de "entender" que el cante, incluso que el baile, especialmente si tienen afición y conocimientos musicales.

Las colaboraciones de guitarristas flamencos con músicos de primer nivel de otros ámbitos son abundantes y exitosas: Paco de Lucía con Larry Coryell, Al di Meola y otros, o Tomatito con Michel Camilo.

Nos parece evidente que también la guitarra justifica que se pueda calificar de "época de oro" el flamenco de este medio siglo largo.

El baile

Como excepción vamos a reproducir un texto relativamente extenso, porque es la primera descripción de un baile flamenco. Procede del capítulo "Un baile en Triana", del libro de 1846 de Estébanez Calderón *Escenas andaluzas*. Es un texto muy conocido por los estudiosos del flamenco, pero nos ahorra largas descripciones del baile flamenco. Y además está muy bien escrito. Asumimos que podría haber sido redactado anteayer, al menos para el baile flamenco ancestral, racial, auténtico. Casi nos parece estar viendo a Matilde Coral con su marido Rafael el Negro, siglo y medio antes. Allá va la cita:

> *Después que concluyó el romance salió La Perla con su amante El Jerezano a bailar (...) el pie pulido de ella se perdía de vista, por los giros y vueltas que describía, y por los juegos y primores que ejecutaba; su cabeza airosa, ya volviéndola gentilmente al lado opuesto de por donde serenamente discurría, ya apartándola con desdén y desenfado entre sus brazos, ya orlándola con ellos, como queriéndola ocultar y embozarse, ofrecía para el gusto las proporciones de un busto griego, para la imaginación las ilusiones de un sueño voluptuoso. Los brazos mórbidos y de linda proporción, ora se columpiaban, ora los alzaba como en éxtasis, ora los abandonaba como en desmayo, ya los agitaba como en frenesí y delirio, ya los sublimaba o derribaba alternativa-*

mente como quien recoge flores o rosas que se le caen. Aquí doblaba la cintura, allí retrepaba el talle, por doquier se estremecía, por todas partes circulaba, ora blandamente, como cisne que hiende el agua, ora ágil y rápida como sílfide que corta el aire. El bailador la seguía menos como rival en destreza que como mortal que sigue a una diosa.

El baile andaluz folklórico es distinto, aunque los profesionales los mezclaron desde hace siglos. De hecho, las compañías de baile español que triunfan por el mundo desde finales del siglo XIX así lo hacen, hasta llegar al pasado más reciente, con el gran Antonio Ruiz, Pilar López y Antonio Gades.

Por cierto, Gades empezó con Pilar López en 1952; formó su primera compañía en 1962 y compartió película –Los Tarantos— con Carmen Amaya en 1963. Fue el primer director del Ballet Nacional Español, fundado en 1978.

También recordamos el "Ballet gitano de Luisa Ortega y Arturo Pavón", que actuó en Almería en 1967, en el mismo escenario y fechas que el primer festival flamenco. En ese mismo contexto bailó Lucero Tena con el cante de Gabriel Moreno y la guitarra de Serranito.

En recuadro aparte contamos una anécdota de La Macarrona con la Argentinita que nos sirve para resaltar las diferentes formas (y espíritus) de los bailes flamenco y español.

Además de esas diferencias, en nuestro medio siglo de oro han convivido –y siguen en la actualidad—dos corrientes que podríamos nombrar, de manera poco rigurosa, como canastera y sevillana. Por caracterizarlas con unas pocas figuras representativas: Carmen Amaya, Farruco, Manuela Carrasco por un lado y Matilde Coral, Rafael El Negro y Pepa Montes por el otro.

Ambas corrientes están dentro del canon flamenco y no son incompatibles en absoluto: Matilde, Farruco y el Negro bailaron juntos varios años con el nombre de Los Bolecos, con éxito total de público y crítica. Se presentaron en diciembre de 1969. Curiosamente, los tres nacieron en 1935. Matilde obtuvo la Llave de Oro del Baile en 1972.

Manuela Carrasco debutó con 13 años y fue una revolución. La vimos en el festival de Pegalajar en 1978; lo recordamos porque cuando llegó el

Esta anécdota nos la contó Mario Maya la noche del estreno de "Camelamos Naquerar" en Granada, en abril de 1976. O sea, que nos ha llegado de segunda (o cuarta) mano, por lo que no sabemos su grado de autenticidad, pero parece verosímil y muestra muy bien la diferencia entre ambas formas de bailar.

Encarnación López "La Argentinita" era ya una bailaora-bailarina de enorme fama mundial, cuando en 1932 quiso montar un espectáculo con más flamenco del habitual en sus giras mundiales, con "estampas" como "Las calles de Cádiz" o "Café de Chinitas". Para ello contrató un elenco con varias figuras flamencas auténticas muy veteranas, entre las cuales destacaba la mítica bailaora jerezana Juana "la Macarrona".

En un ensayo general, Juana estaba contemplando las evoluciones de la "jefa" y le dijo: "Encarna, bailas de un modo contraproducente". Suponemos que quería decir que no iba a compás, que bailaba atravesado, pero el cambio de palabra hace aún más graciosa la frase. Y hasta más eficaz.

fin de fiesta, Lebrijano, que se había escabullido detrás del largo elenco de artistas y hasta se había quitado el traje negro, al ver bailar a Manuela, salió como una exhalación y se puso a cantarle en vaqueros, emocionado por el baile de la que ya se la denominaba "La Diosa".

Manuela Carrasco está más próxima al estilo de Carmen Amaya. Las pretendidas seguidoras de ambas sufren el conocido efecto "bienaventurados nuestros imitadores porque de ellos serán nuestros defectos". Hoy se ha impuesto una secuela de esa escuela, que prima el zapateado femenino por encima de cualquier otro aspecto del baile.

En el terreno de las compañías de baile, a los citados Antonio, Pilar López y Gades, siguieron grandes nombres como Cristina Hoyos, Mario Maya, Pepa Montes, El Güito, Manolete, Sara Baras, Eva la Hierbabuena o Fuensanta la Moneta. Y los descendientes del gran Farruco, toda una escuela mítica.

Con estos ejemplos parece claro que a lo largo de ese medio siglo que estamos contemplando el baile flamenco se mantuvo bastante fiel a sus

Directivos de El Taranto con Chano Lobato y Matilde Coral en el homenaje a Manuel Herrera. Sevilla, 2004.

orígenes, al menos en la corriente principal. La posición ancilar del baile frente al cante lo ha llevado –durante mucho tiempo— a ajustarse a cada uno de los palos del flamenco, lo que no le ha permitido grandes innovaciones, pues es muy difícil liberarse de tan ajustado corsé.

Esto ha motivado que, en un espacio tan constreñido, las originalidades de cada artista han empezado a manifestarse –desde hace unas dos décadas— a través del "postureo", dicho sea con crueldad. Para ser más livianos, lo que pasa es que, como casi nadie está capacitado para ser innovador, los cambios que solemos ver se basan en artificios, adulteraciones, falsificaciones...cuando no fraudes y engaños.

Por ejemplo, en los últimos años los movimientos propios del baile de hombre y el de mujer se han ido fusionando, ofreciendo a veces transfusiones de formas. El taconeo se ha hecho omnipresente, seguramente porque es más fácil: mientras taconeas no bailas con el cuerpo ni con las manos, que las tienes ocupadas en recogerte la falda o la chaquetilla. Además, el público poco entendido es lo que aprecia y jalea con fruición, pero no perciben, no se enteran de las sutilezas de un baile como el que describe Estébanez Calderón en la cita del inicio de este capítulo.

La confusión de baile masculino y femenino ha dado lugar a resultados poco estéticos en muchas ocasiones, a nuestro juicio: se pierde la diferencia entre el baile por arriba, brazos y cintura, y se generaliza el zapateado, el "estilo ametralladora o máquina de coser", como si la estética del baile radicara exclusivamente en la fuerza de los pies; y eso vale tanto para hombres como para mujeres.

La aparente mejora técnica desluce las actuaciones de los intérpretes, pataleando como si no hubiera un mañana y olvidando la armonía de que el baile con el cuerpo entero es el que da buenos resultados.

Si los lectores nos permiten una pequeña broma, quizá habría que buscarle un nombre a esa mezcla de baile y gimnasia, como los brasileños con su "capoeira". O la zumba, en la que también hay algo de flamenco.

Reiteramos que el canon actual fue establecido en tiempos recientes por una serie de artistas citados arriba, resumiéndolos en los estilos de Matilde Coral y Carmen Amaya para el baile femenino; y para el masculino Antonio Gades y Farruco.

El cante ha tenido siempre una estructura que han respetado los artistas, y la han reconocido como una pauta favorecedora de la autenticidad; esa estructura también condiciona al baile, aunque algunos la han considerado como estrechos límites.

Los innovadores rupturistas como Rocío Molina o Israel Galván mantienen aportaciones personales que no parece que hayan penetrado demasiado en la generalidad. Nos referimos a la generalidad de la afición; porque sí que triunfan en los circuitos internacionales y en sectores culturales no ligados al flamenco.

Las técnicas en el baile han evolucionado mucho y se han abierto a mezclas y experimentos. Existe el riesgo de acabar en el mero mecanicismo, en los momentos actuales en los que se considera que el artista no tiene ningún tipo de constreñimiento. Máxime cuando en el arte flamenco nunca ha existido nada pautado sobre cómo ha de ejecutarse un determinado baile: no ha habido ninguna figura clásica de autoridad que estableciera, en algún momento, qué habría de considerarse estilo clásico.

No hay más que pensar en Diáguilev con respecto al baile clásico de principios del siglo XX. Nótese que en este caso, al estar la estructura de la danza bastante desarrollada, el elemento crucial de innovación era el argumento, el hilo conductor del espectáculo. En el baile flamenco el "argumento" es el propio cuerpo del artista y su manera de seguir cada estilo; al tener que ceñirse a la forma de cada cante, no tiene más alternativa que inventar nuevas formas, según le sugiera su arte.

Por tanto, es la pretensión de originalidad la que lleva al artista a introducir modificaciones sobre su material de trabajo, que, como decimos, es su cuerpo. Esto naturalmente limita sus posibilidades. Por otro lado, la codificación del flamenco es lo que ha conseguido que a lo largo del tiempo se mantenga bastante firme dentro de esas estructuras. Ello ha permitido que se configuren algunas formas dentro de esos cánones. En esta situación intentar ser original es muy difícil, so pena de incurrir en la excentricidad. A esos bailaores no les queda más alternativa que salir del flamenco, incurriendo en lo que los aficionados clásicos no soportamos.

Los grandes artistas más recientes lo han sido gracias, primero, a su profundo conocimiento de cada palo y a sus propias condiciones personales, siendo su valía propia el elemento definitorio. Ejemplos claros son Antonio Gades o Manuela Carrasco. Los que carecen de esas excepcionales condiciones tienen que limitar sus innovaciones a lo que hemos tildado de postureo, lo que les permite llamar la atención, que es de lo que a veces parece claro que se trata.

Para los públicos no habituados al flamenco, pero acostumbrados a espectáculos musicales de todo tipo (conciertos, ballet, recitales, ópera, etc.), el baile y la guitarra son mucho más fáciles de entender y degustar. Entre esos públicos triunfan los bailaores y bailaoras que hacen mezclas con otras formas de baile (clásico, moderno, hip-hop...), pero a los aficionados nos resultan muy apartados del meollo flamenco, por muy bien ejecutados que pudieran estar. Innovar por innovar no suele resultar, sólo está al alcance de muy pocos, y por eso suelen verse auténticos disparates (ataúdes, calzoncillos y otras perrerías) que tratan de *épater le bourgeois* y, de paso, espantan a los aficionados.

El teatro

El flamenco en los escenarios se limitó durante muchos años a la actuación de artistas en los cafés cantantes, antecedentes de los "tablaos" que proliferaron especialmente durante las primeras décadas del desarrollo del turismo en España. Todavía subsisten y algunos con bastante calidad. Salvo algunas escenificaciones (como las de Manolo Caracol y Lola Flores), se trataba siempre de una sucesión de artistas sin nexo ni planteamiento dramático alguno.

Y esto es totalmente aplicable al teatro flamenco: los espectáculos escénicos también eran una sucesión de bailes sin poca o nula ilación dramática, con el cante y la guitarra básicamente de auxiliares, con poco protagonismo individual.

A principios del siglo XX se empezaron a montar espectáculos en teatros y a organizar "troupes" que giraban por toda la península. Con similar intención que los tablaos y los cafés cantantes, eran espectáculos de variedades que, además de cante, baile y guitarra, incluían caricatos, rapsodas y otros números de entretenimiento. Ninguno de estos espectáculos flamencos se puede calificar de teatro, aunque se desarrollaran en espacios escénicos.

La obra de teatro de Alfredo Mañas, *Historia de los Tarantos*, de 1962, se puede considerar pionera, aunque no es una obra de tema flamenco, sino un trasunto de Romeo y Julieta escenificado con cante y baile flamencos. Rovira Beleta la llevó al cine en 1963 con un elenco de lujo: Antonio Gades, Carmen Amaya, Chocolate... Pero, insistimos, no es teatro (o cine) flamenco.

Salvador Távora inicia con *Quejío* (1972) una serie de espectáculos teatrales que usan el flamenco como instrumento expresivo. Pero, al igual que *Los Tarantos*, su libreto no tiene asunto flamenco; en este caso su tema es la opresión del campesinado andaluz y la precariedad en general de esta sociedad. Es más, casi no hay libreto, es mínimo el texto dramático.

Para decirlo con palabras del crítico teatral de *France Soir* en 1973:

No hay nada hablado, todo es cantado, bailado, y nunca la violencia de la opresión, tal como la rebelión, han sido tan claras. La penumbra, tres llamas, sombras encadenadas, guitarra y voz humana: ya es bastante.

Al hecho de que no tenía apenas texto, añadimos nosotros que el flamenco que hacían no era de gran calidad, pues empleaba artistas de tercera fila y su objetivo era la crítica política y social, nada relacionado con el mundo ni el arte flamencos. Por eso triunfó en el extranjero y en los ambientes españoles de finales de la dictadura. Pero, como pasó con la "canción protesta" y similares, una vez en democracia no tenían ya gancho, y su poca calidad artística los alejó de la primera línea del éxito. Además, sus montajes posteriores fueron repetitivos.

La innovación de Pepe Heredia.

En 1976 José Heredia Maya estrenó *Camelamos Naquerar*. Igual que Salvador Távora, Pepe fue contemporáneo de una eclosión artística que se produjo en la España de la Transición. El arte flamenco coincidió con la proliferación de nuevos autores, fundamentalmente en la música y en el cine.

Sería muy difícil comparar a ambos autores, pues los objetivos de sus obras son distintos. En Távora el flamenco se manifestaba principalmente en una estética que se presentaba con un sentido visual que atrapara al público, ya mentalizado. En el caso de Heredia la escena debía ensalzar las propiedades y la esencia del flamenco con la decisiva y esencial presencia de los gitanos, tal como estos entendían las artes mediante los artistas más relevantes.

Camelamos Naquerar fue una obra revolucionaria que supuso la ruptura con la puesta en escena del flamenco que era habitual hasta ese momento. En este espectáculo, los cantaores, bailaores y guitarristas eran, a la vez, actores. No es que fuera ésta una novedad absoluta en el teatro; ya lo venía haciendo de antiguo la comedia musical y la zarzuela. La novedad consistió en aplicar esto al flamenco, al atrasado, retardatario, conservador y generalmente barroco mundo flamenco.

Pepe Heredia escribió un texto muy elaborado y desarrolló un lenguaje que le permitía plasmar unos sentimientos que obedecían a su necesidad de manifestar el sentir gitano. Para ello renovó el lenguaje dramático en sus espectáculos, siempre sometiendo la forma a los requerimientos del fondo: toda su plasmación dependería de la idea de que el gitano, a pesar de la persecución, ha sabido seguir adelante y ya ha llegado el momento de manifestarlo con orgullo y rabia. He aquí dos muestras al respecto del libreto de *Camelamos Naquerar*:

Hégira desde siempre por todos los caminos, proscrito,
apátrida de todas las coronas,
acosado por toda la jauría,
vejado, fustigado por decretos cincelados a punta de desprecio.
Pero ya no aguanto, que no aguanto más
porque hasta las fieras del monte
luchan por su libertad.

En su segundo trabajo, *Macama Jonda* (1983), avanza en su evolución, abriéndose al mundo más allá del reducido espacio de los gitanos. En este caso se identifica y se siente solidario con el mundo del moro. ¿De dónde le viene esa identidad? De que se trata de situaciones en las que sus circunstancias son parecidas: se sienten apátridas a veces en lugares ajenos y tienen difícil competir con los autóctonos y buscar lugares donde intentar asentarse. En lo que sí coinciden es en que son los pobres, los marginados. De ahí la búsqueda de la coincidencia:

Un hombre tiene su hermano
en otro hombre que tiene
igual de limpias las manos.
(Macama Jonda. Cante de unión)

La gestación de *Macama Jonda* fue muy larga y compleja. Camarón y Lebrijano estuvieron implicados de alguna forma en los ensayos. Finalmente fue Enrique Morente quien estrenó la obra y grabó el disco. Toda la peripecia se cuenta con bastante detalle en el capítulo 8.2.

La influencia de José Heredia Maya en las formas y en el fondo de los espectáculos flamencos es bastante mayor de lo que se suele admitir en los círculos más o menos ligados a ambas artes, el flamenco y el teatro.

Sus dos primeras obras han sido reiteradamente imitadas, y en algunos casos directamente fusiladas. Tanto la temática como la puesta en escena del *Camelamos...* han sido, entre otros casos, imitadas por *Persecución*, de Lebrijano y Félix Grande, o *¡Ay, Jondo!*, de Juan de Loxa y Mario Maya.

Macama Jonda fue también repetida y largamente imitada. La industria del cóctel moro/gitano, andalusí/flamenco, ha dado mucho de sí desde entonces para gentes diversas.

Escribió y representó otras dos obras: *Sueño Terral* (1990) y *Un Gitano de Ley* (1997). Tuvieron mucha menos trascendencia que las dos primeras por lo limitado de su permanencia en los teatros. Apenas llegaron más allá del círculo de sus allegados. Eso sí, *Un Gitano de Ley* se representó dos veces en la Catedral de Sevilla y, poco después, en el Aula Pablo VI del Vaticano, en la que caben unas siete mil criaturas; estaba a reventar y la ovación final duró muchos minutos.

Y no sólo influyó en el teatro flamenco. Pronto se vieron huellas del *Camelamos* fuera de los ámbitos del teatro y del flamenco: a finales de los 70 proliferaron por toda España asociaciones gitanas con el nombre de "Camelamos Naquerar".

Para seguir destacando la presencia almeriense en esta época dorada del flamenco, señalemos que *Camelamos Naquerar*, unos días después del estreno mundial en Granada, se representó en el teatro Cervantes de Almería, organizado por la peña El Taranto dentro de su VI Semana Flamenca. También *Macama Jonda* y *Sueño Terral* se representaron en Almería. En las tres representaciones de *Un Gitano de Ley* –dos en Sevilla y una en el Vaticano– hubo representación de socios de El Taranto acompañando al "primo Pepe".

Nosotros estuvimos personalmente en los estrenos en Granada, tanto de *Camelamos Naquerar* como de *Macama Jonda*, y en las tres representaciones de *Un Gitano de Ley*. Por presumir que no quede.

Camarón con Tomatito en el 25° Aniversario

5 | Peñas, festivales y grandes ciclos

Uno de los signos de esta época es el cambio en la forma y el fondo de los espectáculos flamencos. Haremos una brevísima semblanza del flamenco en público, desde que tenemos testimonios escritos.

En el principio fueron las fiestas privadas, de las que tenemos una pionera descripción muy negativa en las *Cartas Marruecas* de Cadalso, obra publicada en 1789. Más amable es la muy conocida que aparece en el ya citado *Un baile en Triana*, publicado por Estébanez Calderón casi un siglo después, en 1883.

Ya avanzado el siglo XX, Valle-Inclán vertía una ácida crítica –parecida a la de Cadalso– en el ciclo novelístico *El ruedo ibérico*, de 1921.

En el siglo XIX se popularizaron los cafés cantantes en los que actuaban cada noche varios artistas. Cabe recordar que Antonio Machado y Álvarez "Demófilo" estaba en contra de la difusión pública del cante:

> "...la idea dominante de Silverio (Franconetti) ha sido la de abrir al cante gitano nuevos horizontes (...) ¿Cabía ennoblecer este género llevándolo de la taberna al café? Creemos que no (...), y que la idea (...) es equivocada y contraproducente".

Parece que los organizadores del Concurso de Granada de 1922 coincidían con "Demófilo" en valorar lo popular, el *folk*, y separarlo del cante de los profesionales. Pero hoy ya está claro que el flamenco no es folklore, es un arte. Alguien lo definió como "arte popular minoritario".

Los organizadores del Concurso de Granada también tenían ideas peregrinas sobre lo que es flamenco y lo que no. Volviendo a "Demófilo", éste sostenía que las alegrías, "juguetillos" (¿bulerías?), fandangos bailables y otros cantes festivos no eran flamenco.

Los cafés cantantes fueron indudablemente foco de difusión popular, ya que antes muy pocas personas tenían acceso a las fiestas. Como mucho, recordemos los asistentes al "Baile en Triana".

El tipo de espectáculo que se daba en los cafés cantantes tuvo su continuación en los tablaos que proliferaron en algunas ciudades, sobre todo en Madrid, desde mediados del siglo XX. El turismo de los sesenta fue un considerable aporte de espectadores. Aunque hoy quedan menos, siguen funcionando, y algunos con calidad en la selección de artistas.

Un poco antes se empezaron a montar los espectáculos en teatros y a organizar *troupes* que giraban por toda la península. Como dijimos, tenían similar intención que los tablaos y los cafés cantantes, eran espectáculos de variedades.

Al calor de la recuperación que venimos relatando, a cargo principalmente de Fosforito y Mairena, se empiezan a crear peñas y festivales que, repetimos, cambiaron radicalmente la forma y el contenido de los espectáculos. Y, desde luego, la actitud del público, ahora bastante más numeroso y variado. Además, tanto las peñas como los festivales se extendieron prácticamente por todo el mundo.

Peñas

La primera peña flamenca, a principios de los años 50 según la tradición oral, fue La Platería de Granada que, como otras peñas veteranas, empezó siendo una reunión de aficionados en una casa o en un bar. Poco después se fundó la peña Juan Breva de Málaga y, en 1963, El Taranto en Almería. La tertulia flamenca "El Pozo de las Penas", de Los Palacios, se creó por esas mismas fechas, aunque sus fundadores dicen que ya se reunían años antes de manera informal.

Las peñas supusieron una nueva forma de aglutinar personas con una afición común, el flamenco. Se reunían en un local, preferiblemente propio, aunque siempre hubo peñas en bares o locales cedidos por instituciones diversas. El principal objetivo era "cuidar" y difundir el flamenco, la promoción de artistas locales y escuchar a los mejores que cada una se pudiera permitir.

A partir de aquellos pioneros citados al inicio surgieron varios cientos de peñas, no sólo en Andalucía sino por toda la geografía española. Por ejemplo, en el Anuario de la Fundación Andaluza de Flamenco de 1992 figuraban 227 peñas federadas en Andalucía, citaban otras 29 no federadas, 81 en el resto de España y 23 en otros países.

En el de 1988 ya reseñaban 14 peñas en Europa, se supone que muchas formadas por inmigrantes españoles, aunque nótese que también existía "Flamenco en France" desde 1979. Hoy las hay casi en cualquier rincón del planeta, especialmente en Japón.

En Almería, poco años después de El Taranto, se creó la peña Los Tempranos. Luego fue El Yunque de Pechina y La Torre de Adra, ambas apadrinadas por El Taranto. La peña El Morato fue una escisión de El Taranto que se fundó en 1981.

A El Taranto, por su decisiva importancia en este medio siglo de oro flamenco, le dedicamos un largo capítulo, el 7º.

Festivales

El primer festival fue el de Utrera, en el verano de 1958. Algunos dicen que el primero fue en 1957, pero lo que hubo ese año fue una reunión de los cofrades del Cristo de la Buena Muerte y Nª Sª de la Esperanza, llamada de "Los Gitanos", que celebraron el 15 de junio para festejar con una comida su primera salida procesional en la anterior Semana Santa. Prepararon un potaje –de frijones, por más señas—, se lo zamparon bien regado y se montó una fiesta. Cantaron y bailaron aficionados y artistas locales, entre otros Perrate, Manuel de Angustias, Antonio León...y la guitarra de Diego del Gastor.

A partir de entonces se institucionalizó el "Potaje de Utrera". En 1958 invitaron a Antonio Mairena, quien se llevó consigo a Juan Talega y Tomás Torre. Y así hasta hoy.

El caso es que la fórmula tuvo tal éxito y fue tan imitada que en la primera Guía de Festivales, publicada en 1981 por la Consejería de Cultura de la Junta de Andalucía, se reseñaban 103 festivales. Eran algunos más, porque no todos los organizadores tenían el programa listo con la antelación necesaria para comunicarlo a los editores de la Guía. Y otros ni se molestaban en hacerlo.

En la Guía de 1984 se añadían también 17 festivales fuera de Andalucía. Hoy el número ha descendido bastante; aunque no tenemos datos tan completos como los de aquellas guías, las quejas de los artistas por esa disminución son constantes desde hace algunos años.

La Guía se integró en el Anuario Flamenco que empezó a publicar en 1988 la entonces recién nacida Fundación Andaluza de Flamenco, hoy Instituto Andaluz de Flamenco, ambas instituciones con sede en Jerez de la Frontera (ver detalles de su creación en el capítulo 8.6).

Volviendo a los pioneros, aquellos festivales representaron una forma nueva de llevar el flamenco a públicos numerosos, de manera radicalmente distinta a las citadas de los cafés cantantes, tablaos, "ópera flamenca" y similares. Durante muchos años aquellos primeros festivales solían contratar a una nómina de artistas larga y variada; había algunos con diez y hasta catorce cantaores, amén de varios guitarristas y uno o dos grupos de baile. Eso sí, siempre elegidos entre los que practicaban un cante "por derecho", y también se rescataron muchos artistas o semiprofesionales que eran poco conocidos por el gran público, incluso por la mayoría de aficionados.

A este respecto recomendamos encarecidamente consultar el libro póstumo de Manuel Herrera titulado *Flamencos. La generación perdida*, un imprescindible documento compuesto por más de treinta largas e interesantísimas entrevistas a artistas flamencos muy veteranos. También puede el lector interesado obtener muchos datos sobre estos artistas en el capítulo 8.4, "ITEAF".

En los primeros años era casi exigido en muchos festivales que se cantaran sólo cantes básicos en la primera parte y se rematara por tonás, en lugar del fin de fiesta por bulerías que se generalizó poco a poco.

Un defecto, que se fue notando con el tiempo, es que eran de muy larga duración, quizá para emular las ancestrales reuniones privadas y las noches de fiesta en barrios, ventas y cortijos. Para completar ese aspecto "familiar" y lúdico, muchos de aquellos primeros festivales imitaron también el ejemplo del Potaje de Utrera y se acompañaban de comidas típicas; incluso algunas le daban nombre al festival: Gazpacho de Morón, Parpuja de Chiclana, Porra de Archidona, Salmorejo de Baena, Pipirrana de Pegalajar, Caracolá de Lebrija...o una indeterminada "Cena flamenca" de Paterna de la Ribera. También hay (o hubo) alguno "maridado" con los bebestibles, como la Mistela de Los Palacios o la Cata de Montilla.

Como muestra del auge del flamenco en estos años podemos citar, muy escueta pero significativamente, el Festival de Mont-de-Marsan que se celebra desde 1989. O la inclusión del flamenco en festivales de música clásica, como el de Granada, o en el famosísimo Festival de Jazz de Montreux.

En diciembre de 1985 publicamos en *La Voz de Almería* un artículo titulado "Nuevos modos en los espectáculos flamencos", en el que pedíamos que se redujera la duración maratoniana del Festival de Almería, y poníamos como ejemplo el desarrollo de la Cumbre Flamenca de Madrid, con escenarios dignos y duración razonable. Reproducimos el párrafo final de aquel artículo:

El proyecto, fruto de experiencias propias y ajenas acumuladas en muchos años —y libre de «royalties»—, consiste fundamentalmente en el desarrollo de una serie de actos, marcado cada uno de ellos con un sello característico, con una duración «europea» y en un

*marco adecuado para dignificar y recuperar la categoría de un fes-
tival veraniego mortecino y sonrojante.*

Ya habíamos criticado ese aspecto del festival muchas veces en *Ideal*
y en *La Voz de Almería*. Podríamos mirar en nuestro archivo todos aquellos artículos y cuándo empezaron a cambiar los festivales de Almería,
pero eso se puede buscar en las hemerotecas y ahora no tenemos tiempo.
Y tampoco añade nada.

A finales de los años ochenta parece que por fin empezaron a hacernos caso. Incluso en 1990 nos encargaron a nosotros directamente organizar el XXIV Festival, que se incluyó dentro del programa Almediterránea '92, ideado por Manuel Falces –director a la sazón del proyecto Ima-
gina, antecedente del Centro Andaluz de Fotografía— para celebrar el
centenario de Antonio de Torres en 1992.

Luego no se celebró Almediterránea tal como se había proyectado,
por motivos políticos; pero en aquel festival tiramos la casa por la venta-
na. Fueron cuatro noches –del 10 al 13 de agosto— en la plaza de toros.
Por no repetir todos los nombres, sólo recordaremos a Camarón (que
cerró el ciclo), Tomatito en concierto, Chocolate, Juan Habichuela, Enrique de Melchor o un fenomenal grupo de Jerez el día 11 con La Paquera,
Parrilla, María Soleá, María la Burra, Tío Juane...

Como síntoma de otro cambio, en estos últimos años cambian hasta
los nombres. La Bienal de Sevilla se llama ahora "Bienal de Flamenco y
Artes Escénicas". En el Festival Flamenco de Jerez, cita anual con quince
intensos días de espectáculos, cada vez predomina más el baile. Y el festival de Almería también cambia de nombre: ahora es "Festival de Flamenco y Danza". Miedo nos dan estos cambios de nombre ¿les parece
poco llamarlo "flamenco", que ya incluye cante, baile y guitarra?

En Almería

Antes del primer festival almeriense, que fue en 1967, hubo el 19 de
agosto de 1966 en la Caseta Popular de la Feria un festival y un "Gran concurso de cante jondo" organizado por Radio Juventud, presentado por el

popular locutor Álvaro Cruz "Pototo". Como artistas consagrados actuaron Antonio de Canillas y su cuadro flamenco, y la estrella de la copla Marifé de Triana. Los participantes almerienses en el concurso, acompañados a la guitarra por el maestro Amate, fueron seleccionados por la citada emisora.

En los Festivales de España también hubo espectáculos de baile flamenco antes de 1967.

Lucas López, fundador y alma de la peña El Taranto, se propuso que la ciudad tuviera su festival de flamenco y que fuera de gran categoría. Desde su puesto de alto funcionario municipal consiguió convencer al alcalde, Guillermo Verdejo Vivas, y se montó el "I Festival de Cante Jondo" de Almería coincidiendo con la Feria de agosto y con los Festivales de España, que ya se celebraban aquí desde hacía años.

Ya ha contado Antonio en su relato del capítulo 2 los detalles e impresiones de aquel primer festival. En 1969 se incorporó Alfredo a la asistencia, esa vez en la Alcazaba, y Agustín en 1970. Y hasta la fecha.

Lucas no sólo fue el impulsor de la idea, sino el factótum de ese festival y de los siguientes. Y los sucesivos dirigentes de El Taranto han seguido ocupándose del Festival, incluso sustituyendo al Ayuntamiento en alguna ocasión, como se contará más adelante.

Si quedan dudas sobre el papel de la Peña en los Festivales, véase cómo iniciaba *La Voz de Almería*, el 1 de agosto de 1973, la información sobre el VII Festival:

> *La Peña Flamenca «El Taranto» prepara para estos días el VII Gran Festival de Cante Jondo, que se celebrará los días 5 y 6.*

Otra prueba del liderazgo que ejerce la Peña, sobre todo en los momentos difíciles, es el festival que organizó para recaudar fondos para los damnificados en las tremendas inundaciones de octubre de 1973. Se celebró el 17 de noviembre y consiguió que acudieran todas las grandes figuras del momento, desde los tres hermanos Mairena (Curro, Antonio y Manuel), Fosforito o Chocolate hasta las más jóvenes figuras como Lebrijano, Menese, Diego Clavel o María Vargas, y artistas locales hasta un total de dieciséis cantaores, junto a cuatro guitarristas de primera fila y el grupo Los Farrucos.

Presentó Tico Medina y fue un éxito de público.

En agosto de 1972, en el VI Festival, se produjo un momento especialmente memorable, al menos a nosotros se nos ha quedado grabado de manera que parece que aún lo estamos viendo. Así lo hemos comentado muchas veces y lo hemos contado: al final del festival, como era habitual en aquellos años, todos los cantaores se reunieron en el escenario para hacer una "ronda de martinetes". Antonio Mairena mandó por delante a su hermano Curro, muy flamenco y sobrio, aunque con pocas facultades ya. Entonces se adelantó Agujetas, en la plenitud de su fuerza y jondura, y cantó de forma espeluznante. Antonio se sintió provocado, se puso al lado de Manuel de los Santos, le echó el brazo por el hombro y cantó otra toná no menos impresionante. A partir de ese momento ninguno de los demás cantaores abrió la boca. Antonio y Manuel engarzaron una serie de martinetes, alternándose. En el silencio de una noche serena y con el público también en un sobrecogido silencio, las voces de aquellos dos flamencos de leyenda retumbaban en el cercano puerto y volvían repitiendo un eco mágico en todos los sentidos de la palabra.

Otra: en 1978 el Ayuntamiento le comunicó al entonces presidente de El Taranto, Ricardo Pérez Muro, que el Consistorio no tenía dinero para organizar el Festival de ese año. La Peña se hizo cargo de todo: contrató a Chocolate, Agujetas, Terremoto de Jerez, y a varios artistas locales; fue un éxito tanto de arte como de taquilla, con lo que El Taranto cubrió gastos y pudo pagarles a todos sin recurrir a endeudarse.

O el Festival de 1990, ya contado un poco más arriba.

Ciclos

Otra novedad en los espectáculos flamencos fue la aparición –bastante después de los festivales– de unos ciclos, más o menos largos, compuestos por una serie de espectáculos de flamenco. El más importante de los grandes ciclos es la Bienal de Sevilla, cuya primera edición se celebró en 1980. Incluye un concurso que ese primer año era de cante, y los sucesivos de guitarra y baile.

En 1997 empezó la historia del extenso y exitoso Festival Flamenco de Jerez, y en 2007 comenzó la Suma Flamenca de Madrid. La Bienal de Málaga tuvo dos ediciones: en 2005 y 2007; la tercera edición no fue hasta 2013. En 2014 empieza "Flamenco on Fire" en Pamplona. También hay que citar el Festival de la Guitarra de Córdoba, que ya lleva más de cuarenta ediciones; o circuitos como el de Cajasol para toda Andalucía.

En este apartado, Almería ha aportado tres importantes ciclos: la Semana Flamenca de la peña El Taranto; la programación del Club de Música del Colegio Mayor San Juan Evangelista, que estuvo dirigido por un almeriense, Alejandro Reyes Domene, desde su creación en hasta su cierre en 2014; y el Festival "A Almería por Tarantos", que se ha celebrado en Madrid, en ese mismo Colegio Mayor ya desaparecido.

Es importante destacar que la Semana de El Taranto empezó bastante antes que todos los grandes ciclos de Sevilla, Madrid, etc. citados más arriba. La primera Semana se celebró en 1972 y se ha seguido desarrollando todos los años sin interrupción, siempre con una programación del más alto nivel, inigualada por cualquier otra entidad cultural privada.

El primer recital flamenco en el San Juan Evangelista fue el de Enrique Morente en febrero de 1970.

El festival anual "A Almería por Tarantos" empezó en 1990. Tenemos una colección de recortes de prensa sobre el segundo, el de 1991: todos los periódicos de Madrid le dedicaron elogios y espacios destacados en las páginas de cultura: *El País, El Sol, El Independiente, El Mundo, ABC, Diario 16*... y destacando el papel de Almería. Un exitazo.

Manuel y Curro Mairena y José Luís Postigo en la casa de
Alfredo, con varios directivos de El Taranto. 15-12-1984.

6 | "Nuestra" historia

En 1973 empieza nuestra historia como colectivo firmante. En el
título de este capítulo hemos entrecomillado "nuestra" porque no
es la historia del flamenco ni la historia de nuestras vidas, sino
una historia que compartimos y que contamos, no como historiadores
más o menos objetivos sino como testigos presenciales. Y apasionados.

Como ya hemos contado en el capítulo 2, en el verano de 1973 conocimos a Miguel Ángel Blanco, recién nombrado delegado del periódico
Ideal en Almería. Un almeriense compañero de pensión de Agustín en
Madrid, Romualdo López, estudiaba periodismo y estaba de prácticas
ese verano en la redacción de *Ideal*. Le encargaron cubrir los Festivales
de la Alcazaba, entre los que había dos noches de flamenco, el VII Festival. Como sabía de nuestra afición nos convenció para que escribiéramos
nosotros las reseñas.

La primera entrega la enviamos sin firma, pensando que la firmaría Romualdo. Ante la duda y, debido a que fue Alfredo el que llevó los folios al periódico (entonces ni soñar con fax, no digamos e-mail), pusieron como firma "Alfredo", sin más.

A él, naturalmente, no le pareció bien y buscamos un nombre para firmar la segunda entrega. Elegimos Equipo Alfredo; entonces se llevaban mucho los nombres colectivos: Grupo El Paso, Equipo Crónica...

Estábamos sobrados de entusiasmo y escasos de conocimientos, no hay más que leer algunos párrafos de aquellas "críticas". Cuarenta o cincuenta años después alguno nos ha criticado aquellas críticas. Con razón; ya hemos dicho que éramos novatos e ignorantes. Pero, eso sí, estábamos allí.

Así se inició nuestra firma colectiva y así se mantiene desde entonces. Hemos escrito sobre otros variados temas, pero seguimos opinando de flamenco, aunque no con la frecuencia de aquella primera década. Y lo hacemos, si no con la misma ilusión, sí con la reflexión que proporcionan los años. Tenemos algo más de conocimientos, pero la misma pasión. O mayor, porque como dice la letra del cante por caracoles "el conocimiento la pasión no quita".

En aquellos años, ya lo hemos repetidas varias veces, el mundo del flamenco en la ciudad, al menos el más conocido públicamente, se circunscribía a la peña "El Taranto". Hasta pasados unos años no se crearon más peñas, como hemos contado en el capítulo anterior, pero tuvieron siempre muy pocas actividades y casi nunca públicas o trascendentes.

En El Taranto conocimos a unos cuantos aficionados, muchos de los cuales rezumaban saber y afición. Como es natural, cada uno tenía sus preferencias, sus filias y sus fobias. Una de las más habituales era la ya entonces clásica discusión entre mairenistas y caracoleros (de la que hemos escrito con cierta extensión en el capítulo 3); y también entre partidarios del cante gitano y el no gitano. En la Peña era muy mayoritario el mairenismo y también, aunque más repartida, la preferencia por los gitanos.

En la recurrente controversia entre cante gitano y cante no gitano las preferencias personales solían estar relacionadas con los palos del cante en los que eran relevantes cada uno de los artistas, ya que cada estilo implicaba un juicio de valor en las preferencias de los aficionados.

José Menese y Tomatito. 12-5-1990

Entrevista a Menese en 1975

Como muestra de las inquietudes de aquella época reproducimos a continuación un extracto de la larguísima entrevista de Equipo Alfredo a José Menese. La entrevista tuvo lugar en el domicilio del cantaor en Madrid y se publicó en el Suplemento de *Ideal* del domingo (en la edición regional), el 11 de mayo de 1975.

Con la unión artística de Francisco Moreno Galván y José Menese el flamenco se institucionaliza y accede a la Universidad por la puerta grande. Muchas personas conocen el flamenco a través de Menese, que se convierte en un hombre conocido en todo el país. La culminación de su éxito tiene lugar en París con su recital en el Olimpia.

Equipo Alfredo (E.A.) ¿No hay en ti, como en la gran mayoría de los cantaores actuales, un afán de enciclopedismo?

José Menese (J.M.) Para ser un cantaor que marque una pauta y ser un cantaor largo tiene uno que cantar de todo. (...) Antonio Mairena es un cantaor fuera de serie pero él mismo confiesa que los cantes de Levante no los maneja con la dulzura de algunos cantaores

levantinos. Pero no podemos ceñirnos a la postura de los años trein-
ta en la que los cantaores sólo cantaban un par de palos. Así que
considero muy positivo ese enciclopedismo actual.

E.A. *Manifestaste en una ocasión en Radio París que las letras*
que hoy se canten no pueden ser las que se cantaban hace un siglo,
pues no tienen vigencia. Sin embargo, la música la consideraste in-
tocable. ¿Por qué la música del flamenco no puede evolucionar?

J.M. *Mi postura, y no solamente la mía sino la de grandes estu-*
diosos, es que la música del flamenco está ya hecha y además con
una riqueza imponente. Entonces pienso que no ha salido nadie, ni
saldrá, que invente un cante nuevo, completamente nuevo, por se-
guiriyas, por soleá, por tientos etc.

Las pequeñitas cosas que yo he oído por ahí me parecen horroro-
sas, realmente detestables. Hay, sin embargo, una cosa que es nece-
sario dejar bien clara y es la pequeña aportación. Una cadencia, un
giro, por parte de un cantaor es una evolución. Pero, aparte de esto,
considero que la música del flamenco es intocable.

E.A. *¿No crees que gran parte del público joven que se interesa*
por el flamenco busca más la letra social que el valor intrínseco del
flamenco?

J.M. *Creo que sí, que hay algo de razón en esto. Pero para que una*
letra llegue ha de estar bien cantada. Las cosas hay que saber decir-
las. Entonces pienso que es una buena cosa el que exista esta forma
de entrar en el flamenco. Más adelante van conociendo nuestro arte
y se van aficionando paulatinamente.

(...)

E.A. *¿No crees que puede llegar, incluso, a ser perjudicial el que*
esté tan de moda la guitarra, desde el punto de vista del cantaor?

J.M. *Yo creo que no. Tocaores para cantar los hay estupendos, y*
también los hay que pueden ser solistas. Hay que reconocer que la
guitarra flamenca está hoy en un plano de riqueza fabuloso. En fin,
la guitarra flamenca no corre ningún peligro.

E.A. *¿Qué opinión te merece la introducción en el flamenco de*
otros instrumentos distintos a la guitarra?

J.M. Me parece horroroso. Ni orquesta, ni piano, ni elementos de percusión...

E.A. ¿Qué le deben, el cante en general, y los cantaores jóvenes, en particular, a don Antonio Mairena?

J.M. Muchísimo. Y el que no lo reconozca es un imbécil. Antonio Mairena es un hombre que ha dignificado de una forma fabulosa el cante flamenco. No ha dejado ni un momento de su vida de buscar e indagar cantes que se iban a perder. Yo, particularmente, le estoy muy agradecido.

Lo conozco hace quince años y he tenido la suerte de escucharlo muchísimas veces en reunión y, ¡amigo mío!, no tiene calificativo. Lo he oído "metío en faena" y es algo maravilloso. Es capaz de estar dos horas cantando soleares, sin repetir una letra, ni una música. Y por siguiriyas igual. Y por tangos. ¡Y no digamos por bulerías!

(...)

E.A. ¿No os quemáis con los festivales del verano?

J.M. No, pues normalmente se trabaja de sábado a sábado. Yo lo más que he hecho han sido tres festivales en una misma semana. Los festivales es lo único que nos defiende ante lo que pueda venir después.

E.A. ¿Cantaor payo o cantaor gitano?

J.M. Cantaor gitano siempre, a pesar de ser yo payo. Los admiro con locura, pues ellos tienen algo que nosotros no tenemos. Además, no hay nada más que fijarse que de "El Planeta" en adelante, por cada cantaor payo de cierto nombre aparecen diez gitanos.

E.A. Por las características especiales del flamenco, ¿no os resulta muy difícil grabar bien un disco?

J.M. Sí, evidentemente, el estudio de grabación suele ser un sitio horroroso para un cantaor, pero también es verdad que el cantaor tiene la cabeza en su sitio y sabe que eso queda "pa los restos" y procura hacerlo lo mejor posible. A veces se consigue y otras no.

E.A. Cante y alcohol.

J.M. Esto es un lastre que llevamos los flamencos. Antes no se podía cantar si no era con una botella de vino por delante. Hoy, gracias a Dios, eso se está perdiendo. Yo he hecho todos los recitales que he dado últimamente por el norte de España con una jarra de agua por delante. Aunque, con sinceridad. creo que se canta más a gusto con una copita encima.

(...)

E.A. Te hemos oído decir que uno de los premios que más aprecias, entre los que posees, es el Taranto de Oro.

J.M. Te diré que Almería es el sitio donde más a gusto canto. La afición es maravillosa, y el festival está muy cuidado. Lo único malo que tiene Almería es que está muy lejos y que la carretera es horrorosa.

José Menese nos ha contado que ya tiene apalabrada su presencia en El Taranto para la "Semana Flamenca de Mayo". También hemos hablado con él de ese taranto dedicado a Almería que, escrito por Francisco Moreno Galván, presentó en el Olimpia de París y que, como todo ese recital, está a punto de salir al mercado en disco.

Poco antes de esta entrevista, le habíamos hecho otra a Pepe de la Matrona cuando vino a El Taranto en mayo de 1974. En ella difería bastante de algunas de las opiniones de Menese:

El arte flamenco nunca ha servido para la política. El que haga eso es un equivocado. Nada más es para la intimidad y el desahogo humano del cantaor. El gitano que sabe cantar sabe cantar, y el que no sabe no sabe, y el payo igual (...) lo que pasa es que los gitanos, por tradición, desde que empiezan los niños a tener conocimiento, les enseñan a hacer palmas y el padre que sabe un pedacito se lo enseña también. Nosotros no nos ocupamos de ello (...) por razón natural, si había de haber diez cantaores payos, hay veinte gitanos. Si el disco está bien hecho, como el disco es la fotografía de la voz humana, usted disfruta y se expansiona como con otra cualquier obra de arte.

A nuestra pregunta de si cree necesario que el cantaor se tome unas copas, contestó:

Ha habido quien ha cantado sin copas, pero yo creo que el buen vino y el jamón serrano lo predisponen a uno a algo. Yo toda mi vida he cantado con vino, nunca con refrescos; con refrescos me da gana de irme a la playa.

Terminamos con una anécdota: después de cantar en El Taranto, el de la Matrona cantó en Granada, en el Seminario de Estudios Flamencos que dirigía Pepe Heredia. Después del temprano recital, Pepe lo llevó cenar y el cantaor se bebió seis medias botellas, seis, de fino La Ina; y le dijo a Heredia: "Sobrino, ahora es cuando estoy yo pa cantar".

Escritos en la prensa, libro y nueva etapa

Seguimos haciendo crítica flamenca en *Ideal* hasta 1981. En 1984 nos mudamos a *La Voz de Almería* cuando Carlos Santos se hizo cargo de la dirección del "nuevo" periódico (nuevo porque se vendieron todos los de la Prensa del Movimiento). Luego lo dejamos totalmente cuando nos implicamos en la Peña, puesto que los comentarios que escribíamos tenían que ser mayoritariamente sobre las actividades de El Taranto, que eran casi las únicas; el resto de peñas tenían pocas y las públicas se limitaban casi exclusivamente a los festivales de agosto.

En 1978 el Secretariado de Publicaciones de la Universidad de Granada nos publicó el libro *El Flamenco y los gitanos. Una aproximación cultural.* En la contraportada el editor nos echaba unas cuantas flores, que no nos resistimos a reproducir por abanicarnos el poco ego que nos va quedando:

> *Creemos que aportan en este trabajo algo de lo que los estudios sobre flamenco han adolecido con frecuencia, ese algo que es fundamental para que la "flamencología" consiga el tono de seriedad que exige toda ciencia y que se llama sistematización. Podremos estar de acuerdo con ellos o no estarlo pero tendremos que concederles sin más remedio el fuero de la seriedad, objetividad, precisión, el de la coherencia teórica. Y ya es demasiado en trabajos sobre tema que huele a pobre no proyectar vagas ideas románticas, paternalistas, humillantes.*

El libro tuvo una segunda edición en 1981, con motivo del IX Congreso Nacional de Actividades Flamencas.

En 1980, desde el Ateneo colaboramos en diversas actividades, que se contarán con detalle en el capítulo 8.1.

Desde 1981 nos implicamos en El Taranto. El paso definitivo lo dimos con motivo de la estrecha colaboración que mantuvimos durante la preparación del IX Congreso, que se celebró en Almería en 1981 y cuyo desarrollo contaremos con detalle en el capítulo 8.3. Estuvimos trabajando juntos un año, y decidimos que ya era hora de oficializar nuestra relación y hacernos socios de una pajolera vez.

Para entonces ya hacía tiempo que se habían superado los recelos mutuos: que vaya peña de señoritos exclusivistas y excluyentes, sin contacto con el verdadero sujeto del flamenco, el pueblo, que si de dónde han salido estos niñatos que vienen a darnos lecciones de lo que es el flamenco, a nosotros, que llevamos cuarenta años escuchando...

En 1982 Alfredo y Antonio entraron en la directiva, que fue presidida por Lucas López por primera vez, aunque suene raro. Y es que Lucas siempre quiso mandar desde fuera, como una especie de consejero o tutor, pero lo convencimos de que era el momento de ponerse al frente con todo su prestigio y autoridad.

A partir de entonces, nuestra historia está muy ligada a la Peña, hasta el punto de que los tres hemos sido presidentes en varias etapas y desempeñado otros puestos directivos hasta 2010, en que ya no nos presentamos a elecciones. Alfredo siguió tres o cuatro años más con la presidencia de nuestro amigo Rafael Morales.

En mayo de 1983 empezamos la publicación del boletín informativo *Taranto*, que acabó siendo una revista a todo color que se publicó hasta la crisis económica de 2008.

En 1988, el 25º Aniversario de la peña El Taranto nos pilló con Alfredo de presidente. Se montó una hermosa celebración de más de cuarenta días, que contaremos con detalle en el capítulo 7. Sólo destacaremos aquí que el Equipo se encargó, entre otras cosas, de elaborar el libro *El Taranto, 25 años de Flamenco en Almería*, con la historia de la entidad desde 1963 a 1988 (posteriormente, en 2003, editamos otro libro con la continuación de esa historia desde 1988 hasta 2003). En la portada luce una maravillosa fotografía inédita de Carlos Pérez Siquier.

También editamos un disco, "Cantes de Almería en los aljibes", con diversos artistas que lo hicieron de forma gratuita, porque era a beneficio de la ITEAF. Participaron los cantaores Fosforito, Pansequito, Gabriel Moreno, Encarnación Fernández, Enrique Orozco, José Sorroche y Manuel Romero; y los guitarristas Manuel Santiago, Tomatito, Juan Habichuela y Antonio Fernández.

Se grabó aprovechando sus actuaciones en los recitales y festivales del 25º Aniversario. Al terminar su actuación, los llevábamos por la noche (o de madrugada) al estudio Sonido Blanco, donde Ángel Valdivia tenía todo preparado para grabar un cante (dos en el caso de Fosforito); nos llevábamos también la cena: un termo con caldo, tortilla especial "taranto", jamón y alguna delicatesen más. Con pan y vino, naturalmente.

Una anécdota graciosa ocurrió la noche en que grabó Fosforito. Un vecino de Ángel se acercó al notar movimiento, se puso a escuchar y, cuando acabamos y salimos de la "pecera", el vecino abrió mucho los ojos y exclamó "¡Está vivo!" Era aficionado a Fosforito y no esperaba que estuviera allí, y menos a esas horas.

El disco salió de dulce, tanto por el contenido como por la bonita carpeta diseñada por Inocencio Navarro y con las fotos que hizo Manuel Falces del viejo poblado minero de Las Menas de Serón.

Contamos con las subvenciones de la Junta de Andalucía, Diputación y Ayuntamiento almerienses y la Caja de Ahorros de Almería, por lo que tuvo coste cero para la ITEAF.

En el capítulo 8 detallamos nuestras actividades con otras entidades como la ITEAF, la Confederación de Peñas o la Fundación Andaluza de Flamenco, como se llamó en sus inicios, allá por 1987.

El resto de nuestra historia en el flamenco, ya lo hemos dicho varias veces, está casi totalmente confundido con la de la Peña. Pasemos al capítulo siguiente, que es abundante.

Los reyes entregan al presidente de El Taranto, Rafael Morales, la Medalla de Oro de las Bellas Artes. Palacio del Pardo. 23-6-2021

7 | La peña El Taranto

7.1 | Los inicios

En este largo capítulo nos dedicaremos a contar las actividades de la Peña, tanto internas como externas. Que fueron muchas desde el primer momento, con una fuerte influencia en la vida cultural de Almería —no sólo en lo referente al flamenco— y una creciente presencia en el mundo flamenco en general.

Para empezar por el principio, comencemos por el nombre. Taranto es el cante de Almería por excelencia, pero ese nombre no fue el primero que barajaron los fundadores. Su primera idea fue llamarla "Peña Fosforito", por la enorme repercusión que había tenido en aquellos años la irrupción de este cantaor, tanto por su labor recuperadora como por su aclamada discografía.

En 1963, cuando se crea la peña El Taranto, Fosforito estaba en la cumbre y su relación con algunos de los fundadores era ya antigua. Aunque los fundadores no dejaron testimonio escrito de aquellos primeros años, de sus debates y conversaciones, nos quedan algunos datos sobre esa relación. Por ejemplo, Alberto Díaz fue compadre de Antonio y la amistad con Lucas duró hasta la muerte de éste, con algún "altibajo" motivado por la acendrada veneración que Lucas le tenía a Antonio Mairena.

Posiblemente el motivo más relevante para ponerle su nombre a la Peña es que Fosforito grabó en 1957 un disco –publicado en 1959– que incluía unos "Tarantos de Almería". Otros artistas habían grabado antes tarantos, pero sin añadir "de Almería". Los primeros que lo grabaron fueron Los Gaditanos en 1953 y Rafael Romero en 1955. La bailaora Carmen Amaya montó en 1942 un baile por tarantos con música de Sabicas. Y el bailaor y bailarín Antonio Ruiz Soler llevó el taranto en su repertorio muchos años.

O sea, que el nombre y el concepto de cante y baile por tarantos ya existían antes de que Fosforito grabara ese cante, pero fue sin duda el éxito de ese disco el que hizo que los tarantos pasaran a ser, definitivamente, un nuevo palo de flamenco.

Otra posible razón es que, al menos desde 1934 en que aparece el Vocabulario Andaluz de Alcalá Venceslada, taranto era sinónimo de almeriense.

Lucas López

La historia de El Taranto está íntimamente ligada a Lucas López, fundador junto con otros cuatro pioneros en 1963 y absoluto impulsor de sus actividades y de casi todo lo relevante que se hizo en Almería desde aquellas fechas. Por ejemplo, en 1967 se empeñó en que Almería tuviera un festival flamenco de categoría. Para no repetirnos, vean los detalles en el capítulo 6. Nos parece incontestable que el flamenco en Almería no hubiera sido igual sin Lucas.

Dedicó su vida al flamenco. Desde antes incluso de fundar El Taranto se puso en contacto con las personas más importantes del mundo flamenco: Vallecillo, Mairena, Fosforito, Manolo Herrera, Jesús A. Pulpón, Moreno Galván, Menese, Antonio Alarcón, Pepe Luque, Gonzalo Rojo, Agustín Gómez, Ángel Marín...

Es de destacar la amistad profunda que mantuvo siempre con Francisco Moreno Galván y su discípulo José Menese, a pesar de la conocida militancia comunista de ambos, mientras que Lucas era un hombre totalmente de derechas. Y eso en plena dictadura.

A base de teléfono y frecuentes viajes privados, sobre todo a Sevilla (¡por aquellas carreteras!), estableció una conexión Sevilla-Almería que luego se amplió con los Congresos y la decisiva intervención almeriense en la ITEAF, la Confederación de Peñas, la Fundación de Jerez...

La relación se amplió a todos los artistas en general, que durante muchos años lo llamaban "Tío Lucas", y aún hoy así lo conocen las nuevas generaciones. La forma de tratar a los artistas, la hospitalidad y el cariño se mostraban en muchos detalles: siempre se les reservaba hotel a cargo de la Peña, se les atendía durante su estancia (a veces venían un día antes por las malas comunicaciones de Almería), se les preparaba una cena tras el recital (muchos artistas hicieron famosos "internacionalmente" el calamar en aceite y la tortilla con cebolleta). Y, sobre todo, impuso un respeto en la escucha: el bar se cerraba durante el recital y, con frecuencia, si no había suficiente silencio, se levantaba y decía severamente: "¡Vamos a escuchar!". Cuando murió Lucas, actuaron Mercé y Tomatito en su funeral, en la catedral.

Esa forma de actuar la han continuado todos los directivos que ha tenido la Peña, hasta hoy. Ese ambiente hay que considerarlo como uno de los motivos principales para que todos los artistas de primera fila vinieran a El Taranto, incluso mucho después de "dejar de hacer peñas".

Más adelante haremos un somero repaso. Será muy breve, porque no es cosa de dar la tabarra al lector. Los interesados pueden consultar la relación completa de recitales y otros actos que están reseñados en distintos archivos. Además, una copia digitalizada de todos los recitales está en el Centro Andaluz de Documentación de Flamenco.

Relevancia de El Taranto

Otros datos que explican el prestigio de El Taranto en ámbitos culturales no flamencos son los frecuentes recitales con otras músicas, como el sitar de Gualberto con Ricardo Miño, el jazz con Jorge Pardo, Carles Benavent y otros varios, un laudista griego con Miguel Ángel Cortés, la celebración del centenario de Antonio de Torres en 1992 con tres guitarristas –flamenco, clásico y funky-jazz– almerienses de 18 años, con el padrinazgo de Pepe Habichuela, etcétera, etcétera.

Conferencias, exposiciones y otros actos en los que intervinieron Fernando Quiñones, Pepe Heredia, Félix Grande, Génesis García Gómez, Antonio Povedano, el escultor Marco Dessardo, José Blas Vega, Manuel Falces, Moreno Galván, Carlos Pradal, Michel Dieuzaide...

Es habitual desde siempre que directivos de El Taranto participen en jurados de los concursos más importantes como la Bienal de Sevilla, el Nacional de Córdoba, el de Mairena del Alcor, Granada, La Unión, Compás del Cante...

La importancia, la trascendencia de la larga e ininterrumpida actividad sitúa a la peña El Taranto en un lugar de privilegio en estos sesenta y tantos años transcurridos desde su creación. Por eso no es raro que generara envidia y críticas en su entorno cercano –la propia Almería– aunque no en el conjunto del mundo flamenco y de la cultura en general, en los que es justamente apreciada, como muestra la lista –seguramente incompleta– de los reconocimientos y distinciones que recibió desde los primeros años de funcionamiento: Cátedra de Flamencología de Jerez (1974), Carburo de Oro de La Unión (1975), Gallo C.A.R. (1976), La Unión (40 aniversario), Banderas de Andalucía (1996) y de Almería (2004)...

En 2001 la Bienal de Sevilla le otorgó una placa conmemorativa por su contribución al flamenco. En 2003, con motivo del 40º aniversario de El Taranto, tuvo reconocimientos de los ayuntamientos de Almería y La Unión, placa del Ayuntamiento de Fondón en reconocimiento por la colaboración con su festival, del Ayuntamiento de Mairena del Alcor y la Casa del Arte Flamenco Antonio Mairena. En 2015 la Diputación de Almería le otorgó la Medalla de la Cultura de la provincia de Almería. En

Lucas recibe la Orden del Mairenismo de manos de
Antonio Mairena. Lebrijano, sentado. 14-5-1983

2016 el Ayuntamiento de Almería, durante el 50º aniversario del Festival de Flamenco, tuvo un reconocimiento a la labor de El Taranto en la consecución de este festival. En 2023 la han distinguido el diario *Ideal*, la COPE y el Ayuntamiento de Huércal de Almería con motivo del 60º Aniversario de la Peña. Y el gran reconocimiento de la Medalla de Oro al Mérito en las Bellas Artes otorgada en 2019 y entregada por el Rey después de la pandemia.

Con el libro a punto de entrar en imprenta El Taranto ha recibido otros dos premios.

El 16 de noviembre de 2024 recibió el Premio Internacional de Flamenco Manolo Sanlúcar a la "Mejor Peña Flamenca", concedido por la Escuela de Flamenco de Andalucía.

Dos días después recibió el "Premio de Honor por su aperturismo a nuevos públicos y su labor pedagógica centrada en la idiosincrasia de un arte identitario mantenido a lo largo de sus 60 años de historia". Galardón otorgado por la Consejería de Desarrollo Educativo y Formación Profesional de la Junta de Andalucía en el marco de los X Premios "Flamenco en el Aula".

Los reconocimientos no paran. Por eso, las críticas, evidentemente mezquinas, las resumimos en dos, no merece la pena que ocupen más espacio en estas memorias:

— Era muy frecuente la acusación de elitismo y de círculo cerrado. Un día, al pasar por la puerta junto con un grupo de almerienses y visitantes, un conocido periodista radiofónico repitió esos tópicos y, para apoyar su crítica, dijo que "en una ocasión no me permitieron la entrada porque no llevaba corbata". Le afeamos su mentira de forma tan contundente que su propia esposa se fue avergonzada y lo dejó solo.

— Otra muestra es la forma en que Antonio Sevillano la trata en su prolija "historia" *Almería flamenca*. Equipara la peña El Taranto con las demás, especialmente con El Morato, cuando la sola relación del número y calidad de actividades, de artistas que han actuado en los aljibes, de colaboraciones con otras entidades y de repercusión nacional e internacional de El Taranto es apabullante.

Evita nombrar a El Taranto, y cuando no tiene más remedio minimiza su importancia, incluso ironiza a veces. Por ejemplo, no cita la decisiva importancia de El Taranto en la fundación y funcionamiento de la ITEAF, de la Confederación de Peñas, etcétera.

Otra pequeña muestra, para no abusar, porque tajo hay: en las páginas141 a 144 del volumen II equipara el IX Congreso Nacional y la fundación de la ITEAF con la creación de la peña El Morato, "los dos hechos relevantes de 1981". Le dedica el mismo espacio a ambos "relevantes" acontecimientos y, para compensar la larguísima relación de actos, personajes y publicaciones del Congreso (de los que hace una resumida gacetilla), añade media página con la crítica lamentable de un articulista en un periódico local. Por supuesto omite que lo organizó El Taranto con la colaboración del Ateneo y el Ayuntamiento, y el papel muy relevante de varios directivos de El Taranto en la creación y funcionamiento de la ITEAF. Y encima ilustra la rácana gacetilla con una foto de El Morato.

1978: Una pareja de recién casados libaneses que buscaban discos de Terremoto en Granada coincidieron con Pepe Heredia y éste nos los mandó; se quedaron toda la Semana de El Taranto porque cantaron, además, Sordera, Agujetas, Fernanda y Bernarda, Chiquetete, Curro de Utrera, Boquerón y Sorroche, con Enrique de Melchor, El Funde y Ricardo Miño…¡No eran tontos los libaneses!

Esta forma de tratar a El Taranto contrasta con lo que él mismo escribió en 1987 en el boletín *Taranto*: "…estamos en una de las peñas más puras, entendidas y de más solera del mundo flamenco".

La causa de este cambio de actitud puede ser lo que contamos un poco más adelante, en el apartado 7.3 Trofeos.

El hecho es que hay algunas gentes, como las citadas, que no aceptan que hay distintos niveles en todos los órdenes de la vida. No asumir que El Taranto está en un nivel de excelencia que ha sido reconocido ampliamente, como acabamos de relatar, es como comparar la historia del Real Madrid con la del Alcoyano. Con todos los respetos que se merecen el Alcoyano, el resto de peñas y todos los que trabajen con entusiasmo por algo que mejore la vida de los demás.

Para terminar con las causas del prestigio internacional de El Taranto cabría reseñar la multitud de actos realizados desde la misma creación, muchos en colaboración con entidades como el Ateneo, la Diputación, Consejería de Educación, Ayuntamientos, Universidad, ITEAF… Las más importantes aparecen contadas en apartados posteriores de este capítulo.

Hay muchas más, como las Jornadas de Aproximación al Flamenco, con el Ateneo en 1985, los Cursos de Cultura Andaluza con la Consejería de Educación en Vera y Almería, el Curso de Iniciación al Flamenco para profesores de EGB en 1990. Carnavales, Navidad, Verano…

En las Semanas de Mayo casi todos los años se incluye un recital abierto al público, en un espacio más amplio que los aljibes. Ejemplos señeros son el concierto de Paco de Lucía en la III Semana (1974), en el Teatro Cervantes, pocos meses después de lanzar su famosa "Entre dos aguas". O la representación de *Camelamos Naquerar* en la V Semana (1976), también en el Cervantes, un mes después de su estreno en Granada.

En 1988, con motivo del 25ºaniversario, se realizaron diez conciertos en la Casa de la Juventud (hoy EMMA) y en el Cervantes. Y estos son sólo los muy noticiables.

Y en la actualidad las colaboraciones públicas con numerosas entidades siguen manteniéndose al nivel de la historia de la Peña.

7.2 | Los aljibes

Los aljibes no son sólo un espacio físico muy especial, sino que es inseparable del espíritu de El Taranto, que los ha reparado y llenado de flamenco durante más de un siglo. Los aljibes y la Peña son inseparables: alma y cuerpo, espacio físico y ambiente, cualquier tropo literario se puede aplicar con absoluta precisión. Esto lo saben (o lo intuyen o es pura inquina más o menos personal) y es lo que explicaría el afán por echarnos de los aljibes que han demostrado diversas personas e instituciones a lo largo de todo este tiempo. El caso más grave, dilatado y que por poco lo consigue fue el de Juan Megino. La historia es larga y conviene que se cuente con detalle lo que pasó entre 1995 y 1999. Los que conozcan la historia se pueden saltar las siguientes páginas, pero creemos que debe quedar aquí completa con fechas, nombres y apellidos.

En 1994 la peña vivía quizá su momento de máximo esplendor. Estaba reciente el éxito del 25º aniversario y sus ecos todavía resonaban en sus crujías. Su prestigio era muy elevado y su trayectoria era reconocida por toda la sociedad almeriense. ¿Toda? No. Algunos elementos de la sociedad detestaban el protagonismo que la Peña había conseguido o su influencia en la sociedad. En plena onda de valoración social, la directiva decidió que sería un buen momento para remozar los aljibes después de tantos años, sobre todo para luchar contra la humedad.

Para el libro conmemorativo del 25º aniversario de la peña El Taranto, que tuvimos el placer de coordinar, el arquitecto y socio número 12,

Ángel Jaramillo Esteban, describió con gran detalle en el primer capítulo, con fotos y planos incluidos, el proceso de transformación de un viejo almacén municipal, situado en la calle peatonal del Tenor Iribarne (antes calle de Los Aljibes), en un adecuado marco para la cultura y, muy en especial, para el flamenco. Desde 1969 ha sido la sede de El Taranto; un espacio que el gran maestro Antonio Mairena definió como la "Capilla Sixtina del flamenco".

Jaramillo, bajo el título "El Taranto inundó los aljibes", contaba en 1988 el proceso, del que extractamos algunas citas:

> *Cuando hace ya casi 20 años Lucas nos habló a mi compañero Ángel de Blas y a mí de 'arreglar' un local municipal para trasladar la peña El Taranto que él y un pequeño grupo de buenos aficionados al cante habían puesto en marcha tres o cuatro años atrás, no podíamos imaginar que nos íbamos a encontrar con unos aljibes árabes un tanto abandonados pero que conservaban su estructura original con cierto grado de dignidad en lo fundamental: muros de ladrillo de severo aparejo y arcos y bóvedas de sillería o de ladrillo, según la crujía o la nave en que se ubicaban (...).*

> *Desde finales de los sesenta el local se ha llenado con frecuencia de arte puro, y su reciente historia de los mejores cantes es ya inseparable de su historia anterior.*

> *Tanto ese pasado como la realidad presente demandan una intervención acorde con el valor intrínseco de tan singular contenedor.*

> *Es el momento de que las instituciones locales lo entiendan así y ayuden a dignificar definitivamente el local y a poner en valor todo su singular interés arqueológico y arquitectónico. Este es el reto.*

Y después de detallar la *Operación de limpieza y acondicionamiento en mayo de 1968*, Ángel Jaramillo pide que se haga una segunda *Intervención necesaria (...): restauración y sustitución de aquellos elementos que no pudieron restaurarse en la primera intervención.*

Y ahora decimos nosotros: la restauración se llevó a cabo con un proyecto también de Ángel Jaramillo y finalizaron los trabajos a finales de siglo. Se produjeron algunos otros cambios que, en nuestra humilde opinión, no mejoraron las cosas si se pretendía mantener la misma actividad del espacio. Pero esto, tal vez, se explica mejor con lo que El Taranto tuvo que luchar para recuperar lo que por justicia y por el bien de la cultura de Almería merece.

Consideramos imprescindible también recoger algunas citas del presidente de Honor de El Taranto, Lucas López, referidas a la sede de la peña en sus inicios:

Huérfanos en estos comienzos de casi todo, tuvimos que fijar la sede o domicilio social de la Peña en un local de la calle San Antón número 30, propiedad de doña Filomena López Fernández, madre de Lucas y Diego López López, dos de sus fundadores, y allí iniciamos los primeros pasos. (...)

El local que hoy ocupa nuestra asociación es de pertenencia municipal y está situado en la calle Tenor Iribarne —antes Los Aljibes— número 20. Gentilmente nos fue cedido por el Ayuntamiento, al que habíamos acudido en su demanda, y tras su debido adecentamiento se estableció en él la sede de la Peña.

Adaptarlo a las exigencias del nuevo uso costó tiempo y dinero, porque las características que ofrecía en orden a la estructura eran las más inadecuadas para sus fines.

El inmueble estaba destinado a almacén de la brigada municipal de obras, con una vivienda incorporada para el jefe de servicios. En sus interiores, con grandes desperfectos y rellenos de escombros techos y paredes, fue necesaria e imprescindible la intervención de la piqueta y demás instrumentos de adecentamiento y consolidación. (...)

A ello dedicamos nuestro esfuerzo y dinero, y justo es reconocer la colaboración de los socios que en número reducido tenía entonces la peña. (...) Todos participaron en los gastos que se produjeron, referidos especialmente a los jornales y el transporte, así como a los materiales de adaptación que generó la obra.

La llave nos fue entregada por el alcalde, don Guillermo Verdejo Vivas, junto al presidente de la Comisión de Festejos, don Ángel Gómez Fuentes, posteriormente presidente de la Peña El Taranto.

Recordemos que Ángel Jaramillo fecha el comienzo de las obras en mayo de 1968. En esa época el alcalde de la ciudad era Guillermo Verdejo, que dejó el cargo un año después en manos de Francisco Gómez Ángulo, quien lo ocupó hasta 1973.

Tenemos fotocopia del primer contrato de arrendamiento del día 1 de julio de 1969, firmado por el alcalde Gómez Ángulo (asistido por el "Secretario General Interino" Ginés Pastor Medina) y el presidente de la peña El Taranto, Isidoro Vértiz Espinar. "El canon o precio a satisfacer se fija en 12.000 pesetas anuales".

En 1973, en papel timbrado con póliza de 500 pesetas incluida, se firma un segundo "Contrato de arrendamiento de locales de negocios" el día 1 de agosto de 1973, actuando Francisco Gómez Ángulo como alcalde de Almería y Ángel Gómez Fuentes como presidente de El Taranto. El precio de alquiler se mantiene en 12.000 pesetas anuales.

Recogidas estas curiosidades históricas volvemos al estado del local de los aljibes y a la insistencia del arquitecto y socio Ángel Jaramillo en la necesidad de acometer un proyecto de restauración que consideraba absolutamente necesario. No hubo una sola vez que, en las charlas con él, no manifestara al presidente de turno la cuestión.

Quince años después del primer libro, aprovechando la efeméride de los cuarenta primeros años de historia de El Taranto, este mismo Equipo escribió la segunda parte de *La Peña El Taranto: una historia del flamenco en Almería*; en esta ocasión respecto al periodo 1988-2003. Resumimos lo que escribimos en referencia a los aljibes y a los sucesos lamentables, injustos y absurdos que tanta polémica generaron como daño a la peña infligieron.

Una vez acabados los actos del 25º aniversario atendimos los consejos de Jaramillo y le encargamos la redacción del proyecto de restauración que tantas veces había propuesto. Acabado éste se iniciaron los largos trámites para su aprobación oficial y para la financiación de las obras. Gestión, por supuesto, encabezada por los dirigentes de El Taranto, que tocamos a todas las puertas que creímos adecuadas para recabar apoyos.

Pasaron los años. Años que no fueron fáciles para conseguir ayuda económica (recordemos la coincidencia con los Juegos Olímpicos de

Carlos Castilla del Pino y José Blas
Vega en El Taranto. 18-11-1983

Barcelona y la Expo de Sevilla en 1992, que arrastraron lógicamente ingentes cantidades de dinero público). No obstante, no se cejó en el empeño y aprovechamos la visita del presidente de la Junta de Andalucía, José Rodríguez de la Borbolla, acompañado por Manuel Chaves, en aquel momento ministro de Trabajo, en junio de 1989. Y en diciembre de 1990 la del consejero de Cultura, Juan Manuel Suárez Japón, acompañado por dos directores generales (almerienses), Pedro Navarro y José Guirao. Nos prometieron "todo el apoyo de la Consejería de Cultura".

Por fin, seis años después, el 25 de febrero de 1994, Fernando Martínez López, alcalde de Almería, anuncia oficialmente el envío del proyecto y la solicitud de subvención de las obras a la Consejería de Trabajo. El 29 de abril de ese mismo año, en el transcurso de un acto emotivo celebrado en los aljibes de El Taranto, firmaron un convenio el Ayuntamiento y la Consejería.

Las obras comenzaron diez meses después mediante el sistema "escuela-taller", que no resultó efectivo para el cumplimiento de los objetivos.

Una vez acabados los fondos sin que la obra hubiera avanzado mucho, quedó estancada durante varios meses. Una gestión del alcalde en la Junta de Andalucía desatascó el problema mediante la consecución de una subvención urgente de la Consejería de Obras Públicas por importe de 28.600.000 pesetas que permitía concluir las obras de restauración.

Unas obras en la que destacaba el obligatorio cartel oficial con un texto bien grande, en letras mayúsculas:

> "REHABILITACIÓN DE LOS ALGIBES (sic)
> ÁRABES. PEÑA EL TARANTO"

El día 2 de febrero de 1995 se cerró la puerta de la sede de El Taranto. Nos fuimos para una breve temporada —seis meses nos dijeron— y atravesamos una larga travesía del desierto de casi cinco años. Eso sí, la Peña continuó con su actividad habitual en un local alquilado en la Plaza Flores.

En 1995 ganó las elecciones municipales el Partido Popular, y Juan Megino López fue nombrado alcalde de Almería, lo que, como veremos a continuación, tuvo consecuencias muy negativas para El Taranto. El momento más amargo se produjo a finales de junio de 1997, cuando recibimos un escrito del Ayuntamiento de Almería anunciando que el contrato de arrendamiento de los aljibes (iniciado en 1969) se extinguiría el 31 de julio de 1998.

El 3 de julio de 1997 se presentó un escrito solicitando la prórroga del contrato "durante al menos 5 años, al amparo de la Ley de Arrendamientos Urbanos". Se constituyó una comisión mixta para resolver el conflicto de la vuelta de la Peña a los aljibes, compuesta por los concejales Pedro Asensio y María Rosa Granados, y los directivos de El Taranto, Alfredo Sánchez y Rafael Morales. Las reuniones sólo sirvieron para que nos torearan. Un día se llegaba a un aparente acuerdo y al día siguiente aparecían en los medios de comunicación declaraciones, casi siempre del propio alcalde o del concejal de Cultura, Esteban Telesforo Rodríguez, en sentido totalmente contrario.

Como ejemplo del alto nivel de las razones que esgrimía el alcalde, llegó a decir en la prensa que era "enemigo de que unos cuantos señoritos dispusieran de un local propiedad del ayuntamiento y de un bar con los estantes llenos de botellas de anís del Mono". Era demasiado para su mentalidad de "representante de la voluntad popular". Por supuesto, El Taranto puso el asunto en manos de sus abogados, quienes en septiembre presentaron un recurso ante el Tribunal Contencioso-Administrativo de Andalucía.

Era evidente que las "obras del Escorial" no iban a estar finalizadas antes del 31 de julio de 1998, fecha en la que, según el Ayuntamiento, finalizaba el contrato. En efecto, así ocurrió. Pasaron meses y el 27 de enero de 1999 el alcalde Juan Megino abrió de nuevo al público los restaurados aljibes con la presentación de un libro. Y El Taranto seguía en su exilio de la Plaza Flores.

Desde el verano de 1997 hasta la citada apertura de 1999 muchas personas se pronunciaron a favor de la vuelta de El Taranto a su sede natural. Exceptuando, lógicamente, a los propios socios de la entidad, citaremos a algunas de las personas que públicamente lo hicieron en los medios informativos, en la seguridad de que nos dejamos en el tintero otras muchas a las que pedimos perdón: Pura López Cortés, Fausto Romero-Miura, Emilio Lucas, los periodistas Luis Vera, Luis García Yepes, Ángel Iturbide, María José López Díaz, Tereixa Constenla, Ana Torregrosa, José Fernández, Miguel Naveros, Miguel Ángel Blanco y Álvaro Cruz "Pototo"; el dibujante Antonio Moreno, los políticos Rafael Esteban, Juan Callejón, Martirio Tesoro y Francisco Espinosa; Gonzalo Rojo, presidente de la peña "Juan Breva" de Málaga; Manuel Herrera, director de la Bienal de Flamenco de Sevilla; Pedro López Albarracín, presidente de la Federación Almeriense de Peñas Flamencas, y una larga lista de artistas flamencos que sería prolijo reproducir, pues estaban casi todos y, desde luego, todos los relevantes.

Para sorpresa de muchos, especialmente de las empresas encuestadoras, el 13 de junio de 1999 Juan Megino perdía la alcaldía que daba por ganada. El socialista Santiago Martínez Cabrejas (que había sido el primer alcalde democrático desde la Guerra Civil), por un acuerdo entre su partido e Izquierda Unida, volvía a ser alcalde de la ciudad. El 18 de noviembre de 1999 la peña El Taranto volvió a celebrar un recital en los aljibes tras cinco años eternos.

Volvimos a experimentar un acercamiento entre el Ayuntamiento y El Taranto, aunque las cosas ya nunca fueron como antes. Lo cierto es que los recitales recuperaron su espacio natural y El Taranto tiene su sede social en los aljibes, si bien no en el sitio de siempre. Un nuevo convenio con el Consistorio nos obligó a habilitar la terraza, cubriéndola en buena parte. El bar y la secretaría también se ubicaron en la planta alta. Junto a este renovado acuerdo con el Ayuntamiento es de justicia destacar la ayuda económica de la Junta de Andalucía, impulsada con cariño por el delegado del Gobierno, Juan Callejón Baena. El resto de instituciones almerienses también nos expresaron su apoyo y aprecio y las aguas volvieron a sus cauces. Es justo añadir los apoyos que tuvo la Peña en los momentos malos y en muchos otros momentos. Especialmente destacables son los patrocinios de Unicaja y Holcim durante muchos años.

Para culminar este apartado hay que destacar las magníficas relaciones con el Ayuntamiento, que se recuperaron en 1999. En la actualidad la Directiva sigue empeñada en consolidarlas, tanto en las actividades culturales como en lo referente a los aljibes. Y hay que decir que con mucho trabajo y notable éxito.

7.3 | Trofeos

¿Por qué venían y vienen todos los artistas, incluidos los más famosos que ya no solían actuar en peñas? Y no sólo artistas flamencos, sino escritores, actores, músicos, cineastas, políticos...que pasan por aquí, como puede comprobarse hojeando el Libro de Honor (dos tomos), que se abre con Antonio Mairena; en 2023 firmó la reina Sofía.

Está claro que esto es fruto de las numerosas actividades y de su repercusión; no hay más que ver los comentarios en foros flamencos de todo el mundo. Este prestigio y el trato personal que se les dispensa a los artistas son las causas principales. El prestigio se ganó con los años, la constancia, las actividades continuas de calidad y bien difundidas.

Paco Vallecillo, Fernando Quiñones, Curro Mairena y Tomatito. 19-11-1983

La conversación con la mánager de Miguel Poveda

Miguel Poveda cantó por primera vez en El Taranto en 2004, después de un intento bastante anterior, que fue suspendido porque le coincidió con el rodaje de La teta y la luna. Su recital fue de altísima calidad y el jurado lo premió con el Trofeo Peña el Taranto de ese año.

Como es habitual se le entregaría en la Semana de Mayo del año siguiente, 2005. Cuando se lo comunicamos a su mánager (él ya casi nunca atendía personalmente el teléfono), nos dijo que le enviáramos el trofeo a Sevilla porque era difícil que pudiera venir personalmente. Le explicamos que, según el reglamento del trofeo, eso no era posible. Durante la conversación le comentamos quiénes tenían ese trofeo; pidió que le mandáramos la lista y se debió quedar impresionada (véase dicha lista unas líneas más adelante) porque apenas tardó en llamar a la "presi" y confirmar la presencia de Miguel en la Semana. Y añadió, ¿qué le habéis dado a Miguel que me ha ordenado cerrar la fecha inmediatamente?

Pues eso, cariño, ya lo hemos explicado.

Y el trato es parte fundamental, ya que desde el primer momento se estableció una conexión personal por parte de Lucas y unos cuantos de los fundadores. Algunos artistas se venían el día anterior para estar con nosotros (también por la distancia). Incluso los arropábamos cuando venían a otras actuaciones en teatros, otras peñas, etcétera.

En el apartado siguiente, "Artistas en la Peña", hay muchos detalles de la relación con algunos de los más renombrados. Para los que quieran ahorrarse la lectura de ese largo apartado les anticipamos una escogida muestra que es "simplemente" la lista de los artistas que han obtenido premios otorgados por El Taranto.

Los trofeos se han convertido en galardones codiciados por todos los artistas, y son reconocidos por todo el mundo flamenco como altamente prestigiosos. Desde luego, son los más estimados de entre todos los concedidos por entidades privadas. Uno de los muchos ejemplos de su relevancia y prestigio es la anécdota que relatamos en el recuadro adjunto.

Taranto de Oro

Se concede de manera excepcional, sólo a personas que tuvieran, al mismo tiempo, una alta relevancia flamenca y una especial relación con la Peña. La única excepción fue el primero, que se concedió en 1967 con motivo del primer festival de Almería, y que se instituyó para premiar el mejor taranto cantado en ese acto; el jurado se lo concedió a José Menese.

Los siguientes, ya instituidos tal como se ha dicho, se concedieron a Antonio Fernández Díaz "Fosforito", Antonio Mairena, María "la Perrata", José Monge Cruz "Camarón", José Fernández Torres "Tomatito" y José Mercé.

Trofeos anuales

En 1983 Lucas decidió instituir un trofeo que premiara la mejor actuación de un artista flamenco en cualquier acto organizado por la Peña durante todo el año. El trofeo se entregaba en la Semana de Mayo del año siguiente. Le encargó el diseño a Francisco Moreno Galván; lo pagaba Lucas, pero lo concedía un jurado, en el que él no participaba, según un reglamento que redactó la Directiva.

En 1995, siendo presidente Antonio Sevillano, éste tuvo un desencuentro grave con Lucas con motivo de la concesión del trofeo Lucas López de ese año a Juan Moreno "El Torta". Lucas retiró su patrocinio y la Peña lo sustituyó por el actual "Trofeo Peña El Taranto", con el mismo reglamento.

Las relaciones entre Lucas y Antonio no se restablecieron nunca y algo tuvo que ver esto con la forma en que trata Antonio Sevillano a la Peña El Taranto en su libro ya citado.

El palmarés de los ganadores de ambos trofeos habla por sí solo de la calidad de las actividades de la Peña y de la magnífica relación con todos los grandes artistas de estos sesenta y tantos años de vida.

- Trofeo Lucas López, por orden cronológico a partir de 1983: Antonio Mairena, Camarón, Pansequito, José Mercé, Calixto Sánchez, José Menese, Juan Habichuela, Tomatito, Chocolate, Chano Lobato, Enrique Morente y Carmen Linares.

- Trofeo Peña El Taranto, a partir de 1995: Juan Moneo "El Torta", Vicente Soto, Chano Lobato, José de la Tomasa, Chocolate, José Mercé, El Pele, Arcángel, Gabriel Moreno, Miguel Poveda, Tomasa Guerrero "La Macanita", Pansequito, Guadiana, Fuensanta «La Moneta», Marina Heredia, Miguel Lavi, Niño de Pura, José Mercé, Antonio Reyes (2014 y 2015), José de la Tomasa, Pedro El Granaíno, Perico El Pañero, Antonio "El Genial", Ezequiel Benítez y Jesús Méndez (2023). Suma y sigue.

A la guitarra de acompañamiento

Se creó en 2004 para premiar el mejor acompañamiento de guitarra a un cantaor en un acto organizado por la peña Taranto en cada curso, desde septiembre a agosto.

A partir de 2005, por orden cronológico, los ganadores son: Paco Cortés, Niño de Pura, Manolo Franco, José María Molero, Chaparro de Málaga, Miguel Ángel Cortés, Paco Cortés, Miguel Ochando, Manuel Silveria, Antonio Carrión, Juan Carmona "Habichuela" (Edición Especial a la Trayectoria), Diego del Morao, Dani de Morón, Rafael Rodríguez, David Delgado "Niño de la Fragua", Juan Requena, Alfredo Lagos y Manuel Silveria.

Otros trofeos y distinciones

El Taranto otorga un trofeo al "Mejor toro de la Feria de Almería". Fue instituido en 1970 y recuperado en 1987. Desde entonces se otorga anualmente.

Ocasionalmente se han convocado otros premios: al mejor taranto o un premio de ensayo literario sobre el cante por tarantos, que ganaron Fernando Quiñones y José Blas Vega, con un accésit a Génesis García Gómez.

Socios de honor

En circunstancias muy especiales se han nombrado Socios de Honor a personas que han contribuido muy señaladamente a las actividades de la Peña.

Son: José Fernández Revuelta, José Fernández Torres "Tomatito", José Ángel Valente, Juan Callejón Baena y Manuel Herrera Rodas.

Con motivo del 25º Aniversario se nombraron Presidente de Honor a Lucas López y Secretario de Honor a Antonio Verdejo López.

Nombramiento de Socios de Honor a Manuel Herrera y Juan Callejón

Chocolate con Juan Habichuela. 23-5-92

7.4 | Artistas con El Taranto

La magnífica relación que siempre ha mantenido la Peña con todo el mundo flamenco –no sólo con los artistas— se demuestra en el resumen que vamos a hacer en las siguientes páginas de la presencia de todos los grandes, desde Mairena, Fosforito y las demás figuras reconocidas en aquellos años sesenta y setenta, hasta las más famosas y populares actuales. Y no sólo artistas flamencos. También pasaron y pasan por la Peña intelectuales, críticos, poetas, músicos diversos, cineastas, etcétera. Será un resumen muy extenso a pesar de que intentaremos contenernos.

Los más asiduos de los grandes cantaores fueron: Mairena, Fosforito, Chocolate, Terremoto, Sordera, Lebrijano, Pansequito, Menese, Chano Lobato, Rancapino, Enrique Morente, Carmen Linares... y siguen acudiendo: José de la Tomasa, El Pele, La Macanita, José Mercé, Marina Heredia, Encarnación Fernández, Miguel Poveda, Arcángel, Antonio Reyes, Pedro el Granaíno, Israel Fernández, Ezequiel Benítez...

Por supuesto, también la mayoría de los grandes guitarristas: Juan y Pepe Habichuela, Pedro Bacán, Enrique de Melchor, Manuel Domínguez, José Luis Postigo, Ricardo Miño, El Poeta, Tomatito, Niño Josele, Pedro Peña, Rafael Rodríguez, Moraíto Chico, su hijo Diego, Antonio Jero, Antonio Carrión, Manuel Valencia o un jovencísimo Vicente Amigo, que vino acompañando a José Luis Rodríguez un invierno de principios de los 80.

Juan Habichuela

Un espacio especial se merece Juan Carmona, que ha sido el guitarrista que, después de Tomatito, más veces ha tocado en El Taranto y en festivales almerienses. La relación de amistad con varios de nosotros fue muy larga y estrecha. Él mismo lo decía en una entrevista que le hicieron con motivo de que había anunciado su despedida y elegido El Taranto como escenario de la misma:

- ¿Por qué has elegido Almería para tu despedida?

- Bueno, a Almería yo la quiero mucho, es como mi segunda tierra. Y es que me han dado mucho calor (...) Yo tengo aquí cuatro o seis amigos que, de verdad, estoy muy orgulloso de ellos (...) Ha sido el sitio donde más he tocado (...) desde el año 65 o 66 estoy viniendo aquí (...) y si no hay un festival donde no toque Habichuela, o un congreso o cualquier cosa, eso tengo yo que agradecérselo a mis amigos de Almería.

Juan acompañó en El Taranto a muchos y diversos artistas. En estas páginas aparece muchas veces, no hace falta repetirnos. La Peña se lo reconoció con un premio que sólo se ha concedido una vez: dentro del premio a la Guitarra de Acompañamiento se le otorgó a Juan en 2015 un Premio Especial a la Trayectoria. El Premio Lucas López a la mejor actuación ya lo ganó en 1988.

El baile ha tenido mucha menor presencia por el espacio disponible en nuestro hermoso aunque reducido local de los aljibes. Pero hemos procurado llevar baile a nuestras salidas al exterior, especialmente con la actividad "El Taranto en la calle". Algunos espacios donde llevamos baile (también cante, por supuesto): Teatro Apolo, Teatro Cervantes, Casa de la Juventud, Patio de los Naranjos... y salones o auditorios de Unicaja, Biblioteca Villaespesa, Museo Arqueológico, etc.

Algunos artistas que han participado en los actos organizados fuera de los aljibes: Paco de Lucía, Eva Hierbabuena, La Moneta, Mercedes Ruiz, Pedro Ricardo Miño, el Trío de guitarras granadinas, Miguel Ángel Cortés, Paco Cortés y Miguel Ochando, etc., etc.

Por supuesto faltan muchos nombres pero esto no es un documento notarial. Lo que queda claro es que no ha faltado nadie.

7.5 | Veteranos y/o emergentes

De los veteranos, no sólo procuramos la presencia de los famosos citados, sino que conseguimos escuchar a viejos, algunos casi desconocidos u olvidados por el gran público, como José de los Reyes "El Negro del Puerto", Joselero de Morón, La Perrata, Enrique Orozco, Pablito de Cádiz, Orillo del Puerto, Agustín Núñez, El Arenero, Cobitos, Tomasa y Pies de Plomo... o Pepe de la Matrona, que cantó en 1974 y 1975, ya próximo a los noventa años, y que se entregó como un debutante, poniendo la Peña en pie en ambas ocasiones.

Como hemos dicho un poco más arriba, siempre se ocupó la Peña de estar "al loro" de los que empezaban y podían llegar a ser figuras. Pondremos como ejemplos más antiguos a Menese, Lebrijano y Morente. Y a los punteros de generaciones posteriores: El Pele, José Mercé, Antonio Reyes, Marina Heredia, Arcángel, Ezequiel Benítez, La Tremendita...

Por supuesto, también se prestó siempre atención a los jóvenes locales. Tomatito debutó en El Taranto con 13 años, y siendo aún un total desconocido lo ponían para acompañar a figuras de todo tipo, estilo y edad. Lo mismo ocurrió con Niño Josele mientras residió en Almería. En otro lugar hemos contado cómo conoció a Morente en la Peña; también acompañó a El Cigala en su único recital en El Taranto.

Después de estas dos grandes figuras, en Almería ha aparecido una buena colección de guitarristas, como David Delgado, que ha llegado a ganar el Trofeo Taranto a la guitarra en 2018-19.

Lo mismo se puede decir de los cantaores, desde Sorroche y los hermanos Gómez hasta Cristo Heredia o Antonio "El Genial". Aunque la cantera local no ha dado figuras de la talla de los dos guitarristas citados, El Genial ganó el Trofeo Taranto de 2020 y podría tener proyección profesional fuera de Almería si quisiera; al igual que David Delgado.

Pudo ser figura del cante la hoy conocida como India Martínez (entonces, Jenny Martínez), a la que enviamos con dieciséis años a la fundación Cristina Heeren; cantaba divinamente, tanto por seguiriyas y soleares como por bulerías o tangos, hay grabaciones de varios recitales en los aljibes que lo demuestran. Por cierto, uno de esos recitales fue un mano a mano con Mari Ángeles Fernández, ambas con dieciocho años.

Años después, Jenny tomó su conocido camino actual y Mari Ángeles no se ha lanzado totalmente, aunque llegó a cantar en la película *Flamenco*, de Carlos Saura.

Vinieron muy jóvenes

Manuel Moreno Maya, "El Pele", llegó a El Taranto con dieciséis años, de la mano de la peña cordobesa Rincón del Cante, con su eterno presidente Paco Ruiz. Hay en las vitrinas de la Peña una placa que recuerda aquella visita. Pronto se convirtió en un asiduo. En septiembre de 1981, con motivo del IX Congreso, lo incluimos en uno de los dos festivales que se celebraron en el Teatro Cervantes.

Un "detalle" puede ilustrar sobre el grado de amistad de este extraordinario cantaor con nuestra peña: el programa de la Semana de mayo de 2001 se cerraba el viernes con un recital de Juan Villar y Niño Jero. El mismo viernes 18, a media mañana, llamó Juan Villar a la presidenta, Lola Benavides, para decirle que no podía venir a cantar, no recordamos con qué excusa, que es lo de menos: faltaban menos de doce horas para el recital de clausura. Después de un par de llamadas infructuosas Lola llamó a El Pele, quien, sin poner la más mínima pega ni condición, le dijo que no se preocupara, que salía para Almería inmediatamente con su guitarrista. Y así fue. Y cantó divinamente, como casi siempre. De hecho, aquel recital le valió el trofeo Peña El Taranto de 2001. Luego lo ha vuelto a conseguir en 2006. Es uno de los cantaores más asiduos y valorados en los aljibes.

José Mercé

José era en 1983 un total desconocido para la mayor parte de la afición andaluza, porque estaba en Madrid desde que era un niño; cantaba en tablaos y en la compañía de Antonio Gades, y grabó un primer disco que tuvo poca repercusión. El caso es que Antonio Pulpón nos llamó y nos lo recomendó encarecidamente, añadiendo que era sobrino de Sordera. Vino a cantar el 17 de diciembre de ese año, con la guitarra de Carlos Heredia, y nos dejó asombrados a los apenas veinte asistentes: era un día de frío inusual en Almería y José un absoluto desconocido. Pero en el número 5 de *Taranto* —enero del 84— Alfredo escribió:

Mercé, en su primera actuación en El Taranto, nos sorprendió a todos y su eco, facultades y juventud lo llevarán, sin duda, a ocupar un lugar de privilegio entre los cantaores. A petición de gran número de socios la Junta Directiva ha decidido incluirlo en el programa de la XIII Semana de mayo.

La gran actuación de José corrió como la pólvora entre los aficionados y poco después fue contratado por la peña El Yunque, de Pechina. Nos llamó para informarse, le dijimos que estaba muy cerca, le reservamos hotel y lo llevamos en nuestro coche a El Yunque. El estupendo recital terminó a las tantas y José tenía mucho apetito. En resumen, que acabamos cenando, ya de madrugada, en la casa de Antonio, huevos fritos con papas y longaniza, bien regados con vino jerezano. Eso sí, procuramos hacer poco ruido para no despertar al resto de la familia.

Como estaba previsto, el lunes 14 de mayo de 1984 volvió José Mercé a actuar en la Peña. Este Equipo escribió en *Taranto* lo siguiente:

Por fin pudimos escuchar en Almería a José Mercé acompañado por la guitarra de Tomatito. Era una ilusión que manteníamos cantaor y aficionados. El éxito fue rotundo y no podía ser de otra forma debido al estado de gracia actual de los dos artistas, que forman parte de esa avanzadilla de jóvenes figuras que, sin separarse ni un ápice de las raíces del flamenco más puro, van a escribir las páginas brillantes del Flamenco necesariamente renovado (...) El cante de Jerez ha encontrado al intérprete joven que necesitaba. Es, además, un cantaor muy caliente que conecta pronto con el público, produciéndose esa comunicación que unos llaman pellizco, otros duende y que es simplemente el efecto que, en las personas sensibles, produce el Arte.

A finales de este 1984 Alfredo tuvo que desplazarse a Madrid por motivos profesionales. Una semana de estancia en la capital del reino y un hotel cercano al "Café del Burrero" intensificaron la relación de confianza y amistad que había comenzado un año antes y que se sigue manteniendo cuatro décadas después.

En este local, ya desaparecido, del centro madrileño, homónimo del mítico café cantante sevillano, se reunía cada noche una buena representación de los artistas flamencos residentes en Madrid (siempre han sido multitud). Unos para actuar y otros para tomar una copa y charlar con los colegas y con los aficionados habituales en un ambiente propicio para el flamenco puro: no era un tablao para el turista. Eso sí, todo en medio de la neblina provocada por el humo del tabaco, algo que hoy les parecería insoportable a los propios fumadores.

En aquellas fechas actuaba diariamente un José Mercé joven y pletórico, que ya provocaba expectación entre el público. Allí conocimos a un viejo cantaor gaditano de Olvera, Enrique Orozco. Nacido en 1912, vivió 92 años, 30 de ellos en Madrid. Nos lo presentó José Mercé y vino a continuación a cantar varias veces a El Taranto, para hacernos disfrutar con su estilo chaconiano, su voz dulce y sus grandes conocimientos. Al poco tiempo dio por finalizados sus treinta años "madrileños" y quiso vivir los últimos en Sevilla, en los que contactó con la ITEAF, participando en algunos de los espectáculos organizados por esta institución social.

Volviendo a Mercé, su relación con El Taranto y con Almería no ha dejado de intensificarse a lo largo del tiempo. Aquí ha hecho grandes amistades y su presencia es muy habitual, hasta el punto de que, como ha manifestado en muchas ocasiones, se siente almeriense de adopción.

La peña El Taranto le concedió en 2013, con ocasión del 50º Aniversario de la fundación de la entidad, su máximo galardón, el "Taranto de Oro", que es el último que se ha concedido hasta la fecha. Como coincidió que también ganó en 2013 el premio a la mejor actuación del año, la Peña editó un disco de ese recital con el título "José Mercé, Taranto de Oro".

Su gran amistad con Tomatito se ha hecho más intensa en Almería, de lo que nuestra ciudad y el mundo flamenco en general se han beneficiado. No han parado de colaborar para disfrute de la afición. Cada año actúan juntos, como si de un rito se tratara, en la Semana Flamenca de El Taranto. También va cada año a Fondón, un pequeño y bonito pueblo

Esta anécdota, que viene al pelo en el caso de Mercé, implica también a Enrique Morente. En 1984 dos miembros de este Equipo íbamos a Sevilla y nos paramos a dormir en Granada por dos razones: las horrorosas carreteras, que hacían pesado el viaje y, más importante, que en el Corral del Carbón de la capital granadina había esa noche un festival magnífico. Dejamos los bártulos en el hotel y nos presentamos en la taquilla del local, donde nos dijeron que no quedaba ni una entrada. En ese momento llega el presidente de la peña La Platería, coorganizadora del concierto. Nos saludamos y le pedimos que nos facilitara la entrada, pagando lo que fuera y sin asiento, pero se hizo el "longuis" y se metió para adentro. En eso que llegan José Mercé y Enrique Morente, con los trajes de actuar en la mano y se repite la escena: abrazos, besos flamencos y preguntas de qué pasa. Cuando les contamos lo ocurrido, entraron, buscaron al susodicho presidente y le dijeron, más o menos, que en la puerta había dos directivos de El Taranto y que si no entraban, ellos no cantaban.

Mercé cantó en el funeral de Lucas López en la catedral de Almería, con la guitarra de Tomatito.

almeriense de la Alpujarra que ya tiene un festival flamenco de enorme éxito popular, creado y dirigido desde hace más de treinta años por el socio y directivo de El Taranto, José Antonio López Alemán. Este festival se celebra en la plaza de José Fernández Torres "Tomatito", a la que se accede por la calle de José Mercé.

Otra muestra –y cerramos el apartado– de la atención a los valores emergentes fue la programación de la Semana de mayo de 1999. A pesar de que siempre se reservan las máximas figuras para ese ciclo, que cierra nuestras actividades del curso, ese año estábamos algo "caninos", entre otras razones por el problemón que teníamos con el ayuntamiento de Juan Megino, como ya hemos contado con detalle más atrás.

Recurrimos a nuestros contactos y montamos un cartel con dos jóvenes cada noche, casi todos desconocidos en ese momento para la mayoría de aficionados: Marina Heredia y La Nitra, de Granada; Arcángel y Olivia Molina, de Huelva; Carmen Segura y Rocío Segura, de Almería; Segundo Falcón y Reyes de la Tomasa, de Sevilla.

Completamos el cartel con Chano Lobato, José de la Tomasa, y un festival abierto al público, en la biblioteca Villaespesa, con Tomatito, Montse Cortés, Mari Ángeles Fernández y Juan Habichuela.

Pero lo que queremos resaltar aquí es que de los ocho debutantes más de la mitad han hecho carrera importante en el flamenco, y algunos son primeras figuras hoy día. La amistad se mantiene. Marina y Arcángel han llegado a ser artistas de primerísima fila en el panorama flamenco del siglo XXI. Con estilos distintos, ambos comparten un compás extraordinario, una calidad de voz y un conocimiento muy amplio del acervo flamenco. Y voces también distintas, pero con la capacidad común de llegar a los públicos, tanto entendidos como populares. Ambos han conseguido el trofeo Peña El Taranto a la mejor actuación, Arcángel en 2002 y Marina en 2010. Y han seguido viniendo a cantar, tanto en los recitales de los aljibes como en los Festivales de agosto. Y la amistad se mantiene.

Sólo otra muestra para completar este relato: cuando murió Lola Benavides, Arcángel llamó inmediatamente y se ofreció a cantar en su homenaje; lo hizo acompañado por Miguel Ángel Cortés y fue uno de los recitales más emocionantes que recordamos.

7.6 | Fosforito y Mairena

Volvemos de nuevo atrás para evocar momentos estelares de la presencia de algunos cantaores de leyenda que tuvieron larga y profunda relación con la Peña y con algunos de sus componentes en particular, incluidos los arriba firmantes. Empezaremos por la relación con los dos grandes pioneros de los inicios de este "medio siglo de oro", Mairena y Fosforito.

De Antonio Fernández Díaz "Fosforito" hemos contado ya su íntima relación con la peña El Taranto al hablar de la fundación de la entidad y sus primeros pasos.

Esa relación especial siguió durante décadas. Reseñemos escuetamente su presencia en Almería en múltiples ocasiones. En el Festival estuvo desde el primero, en 1967, hasta su parcial retirada de los escenarios. En la Peña estuvo en varias Semanas, hasta la de 1979, y en recitales o recitales-conferencia.

En el Congreso tuvo una actuación destacada, tanto en los debates como en su participación en el festival, que se celebró en el teatro Cervantes a beneficio de la ITEAF. Por cierto, Fosforito fue un destacado miembro de las directivas de la benéfica entidad. Apoyó con su presencia y con su trabajo. Y organizando (y participando) en otros festivales para la ITEAF en diversos escenarios andaluces y nacionales.

En 1988 inauguró los actos de la celebración del XXV Aniversario de El Taranto, con un magnífico recital en el auditorio de la Casa de la Juventud, junto con una conferencia de José Ángel Valente; ambos actos fueron seguidos también en una pantalla que se instaló en el exterior del auditorio debido a que el salón estaba a reventar.

También fue figura destacada en la celebración de 50º Aniversario, en marzo de 2013. O sea, que la relación se ha mantenido estrecha, dentro y fuera de la Peña, como lo contado de la ITEAF o la FAF, y en muchas ocasiones privadas que no hacen al caso.

El último Festival de Almería en el que cantó fue el de 2004. Y ha estado en la Peña en 2023, con 90 añitos, para recibir un homenaje y descubrir un retrato suyo, pintado por Emilia Resina Portaz, que ha queda-

Fosforito con Manuel Caño en El Taranto. 4 4 1981

do expuesto en un lugar relevante en los muros milenarios de los aljibes. Dictó una conferencia y compartimos una agradabilísima velada.

Antonio Cruz García "Mairena"

La estrecha relación de Mairena con El Taranto había empezado muy tempranamente, de la mano de Lucas López, Paco Vallecillo mediante. La agenda del fundador de la Peña contenía los teléfonos de la inmensa mayoría de artistas, aficionados, expertos, dirigentes y representantes. El teléfono de Lucas echaba humo en numerosas ocasiones.

El caso es que Antonio estuvo en casi todos los festivales de Almería, desde el segundo, en 1968, hasta finales de los setenta, cuando empezó a tener problemas de salud.

En los aljibes cantó también con frecuencia a pesar de que no solía acudir a peñas. Tenemos documentados recitales en las Semanas de 1972, la primera, a la que vino con Melchor de Marchena, 1975, 1976, 1979 y 1983, aparte de otros recitales como el del 28 de febrero de 1977, con su hermano Curro y Ricardo Miño. De este último recital se hizo una grabación en disco, coordinada por Ricardo Miño.

También es reseñable su presencia en el Congreso de 1981, donde cantó en la clausura y recibió la Medalla al Mérito en el Trabajo, como hemos contado con algún detalle en el capítulo 8.

Habíamos prometido un poco más arriba dar detalles de la última actuación de Antonio Mairena en El Taranto, que también fue la última vez que cantó en público. Llevaba algún tiempo "delicaíllo" y no se prodigaba mucho. También hacía tiempo que no grababa, aunque tenía preparado un disco, pero ninguna discográfica aceptó pagarle el medio millón de pesetas que pedía. Poco después grabó el disco y donó los beneficios a la ITEAF.

La noche del 14 de mayo de 1983 cerró la Semana Flamenca, acompañado por Pedro Peña. Aprovechó para imponerle a Lucas la Orden del Mairenismo, con Paco Vallecillo de testigo. El Ayuntamiento de Almería le impuso a Antonio el escudo de oro de la ciudad y hubo palabras emotivas de Lucas, Vallecillo y Antonio. Todo está registrado en un CD que la Peña editó en 2008 y que no se vendió, sino que se regaló a socios, peñas, etcétera.

Aquel recital se retransmitió en directo para toda España por Radio Cadena Española. Entre retrasos, discursos e intermedio la retransmisión se dilató más de tres horas, que una locutora debutante en el flamenco, Lola Benavides, mantuvo con pulso admirable. Como anécdota complementaria, Lola se aficionó desde entonces, se hizo socia y llegó a ser presidenta durante ocho años, de 2002 a 2010, comandando un período brillante de la entidad.

Poco después de grabar, Antonio Mairena empeoró y murió el 5 de septiembre de aquel 1983. Lucas, Antonio y Pedro Baldó estuvimos en su casa de Sevilla dos días antes del fallecimiento, la tarde del 3 de septiembre, ya que Lucas era jurado del concurso de Mairena que se celebraba esa noche. Salió a despedirnos a la puerta diciendo que era la primera vez que iba a faltar al concurso de su pueblo.

El final de la presencia física de Antonio no fue el final de la presencia de Mairena en Almería, en El Taranto. A raíz de aquel recital de mayo de 1983 Lucas le propuso a la Peña crear el trofeo Lucas López, del que hemos hablado un poco más arriba. El primero, correspondiente al año

1983, lo otorgó el jurado por unanimidad a Antonio Mairena por su recital de mayo. Lamentablemente no pudo venir a recogerlo, como establecen los estatutos del trofeo. En su lugar acudió su hermano Curro el 15 de diciembre de 1984. También vino su otro hermano, Manuel Mairena, que cantó acompañado a la guitarra por José Luis Postigo.

Antes, del 15 al 19 de noviembre de 1983, organizamos unas jornadas llamadas "Antonio Mairena, su recuerdo, su herencia", durante las cuales se presentó el disco póstumo "El calor de mis recuerdos". Intervinieron Emilio Jiménez, José Luis Ortiz Nuevo, José Blas Vega, Fernando Quiñones, Paco Vallecillo y Lucas López. Cantaron Calixto Sánchez y Manuel Mairena con la guitarra de Tomatito.

Se colocó una cerámica almeriense (de Los Puntas) con un texto en recuerdo de su última actuación. Estos cuatro azulejos desaparecieron durante las obras de restauración. Cuando volvimos a nuestra sede colocamos un duplicado en metacrilato, que preside la pared del escenario de los aljibes.

7.7 | Las grandes figuras del último tercio del siglo XX

José Menese, Juan Peña "Lebrijano" y Enrique Morente ya eran conocidos cuando debutaron en la Peña, pero eran muy jóvenes y se hicieron habituales por el cariño y la admiración que merecieron y tuvieron desde el principio. A Camarón lo conocimos personalmente cuando empezó Tomatito a acompañarlo en los festivales de Almería, hacia 1976. Con los cuatro mantuvimos una especial amistad.

José Menese y Francisco Moreno Galván

La relación de Menese y Moreno Galván con Lucas fue de gran cariño y amistad profunda desde el primer momento, como ya contamos poco más arriba. Cuando nosotros empezamos a frecuentar El Taranto y a colaborar con Lucas hicimos muchos viajes con él a la Puebla de Cazalla, donde había un excelente grupo de aficionados.

José ya cantó en el primer Festival, en 1967, y luego incontables veces; al menos nosotros no nos vamos a entretener en contarlas. En el festival

de 1972 obtuvo el primer Taranto de Oro, que se otorgó —caso único— al mejor taranto cantado esa noche. Vino a la Peña a recoger el trofeo en octubre de ese mismo año y luego estuvo en numerosas Semanas (73, 75, 77, 80...) y en recitales en noviembre del 82, octubre del 86 y noviembre de 1994. Su última visita a los aljibes fue para abrir la Semana de Mayo de 2015, un año antes de fallecer. En aquella ocasión Alfredo publicó un artículo en el *Diario de Almería*, del cual extractamos unas frases:

Volvía, por tanto, José Menese a actuar en El Taranto después de más de 20 años de ausencia. Un encuentro con el pasado para los más veteranos y una novedad curiosa para los más jóvenes aficionados a los que les suena el nombre de José Menese a leyenda viva del flamenco. Mucha expectación y, por qué no decirlo, dudas. Creo que a todos nos sorprendió muy favorablemente el estado físico de José, su saludable aspecto y su voz aún poderosa, evocadora de momentos que han pasado a la historia del flamenco. El recital que el pasado jueves ofreció Menese en los aljibes fue necesariamente corto pero muy intenso, como el perfume caro.

La influencia de Moreno Galván en la carrera de Menese es sobradamente conocida: le compuso numerosas letras, lo instruyó en el aprendizaje de los maestros y hasta le diseñó un original chalet en el campo, mixto de cortijo andaluz y formas picassianas. Francisco también influyó en un grupo de cantaores de aquella generación y comarca, como Diego Clavel, Miguel Vargas o Manuel Gerena.

En su relación con El Taranto cabe destacar que nos regaló el cartel para el IX Congreso del 1981, participó en varias exposiciones, en el propio congreso, en el XXV Aniversario (1988) y en otras a beneficio de la ITEAF. También diseñó el trofeo Lucas López, que se realizó en oro y plata vieja. En el homenaje que le tributaron en Paradas, en marzo de 1992, varios directivos de El Taranto estuvimos presentes en los actos y le entregamos un ejemplar del trofeo que él había creado.

José Mercé y Juan Habichuela.
23-5-1987

Francisco acompañó al cantaor en la Peña en varias ocasiones, en algunas con la esposa de Menese, Encarna. La última vez que vinieron ambos a un recital de José en El Taranto fue en noviembre de 1994; Francisco iba en silla de ruedas.

Un año antes, en diciembre de 1993, nuestra peña le tributó un homenaje con varios actos, entre ellos una exposición de carteles de flamenco y un recital de Miguel Vargas con José Luis Postigo.

Lebrijano y familia

Con Juan Peña y su familia –María Fernández "La Perrata", Pedro Peña, Pedro Bacán— tuvo Lucas, y luego nosotros, una relación muy entrañable desde muy temprano. Y protagonizaron varias noches históricas. Juan cantó en la Peña y en el Festival de Almería con frecuencia. Una velada especialmente emocionante fue la noche de mayo de 1975 en la que La Perrata, acompañada por sus hijos Juan y Pedro, cantó por primera vez en público, años después de la muerte de su marido.

Al año siguiente repetimos recital de los tres en la Semana de mayo. Hicieron doblete: recital en los aljibes y en la misa flamenca que cerró la Semana. Juan hizo algún tema de su disco "La palabra de Dios a un gitano" y María cantó una emocionante Salve.

Pedro Peña, afamado guitarrista, grabó un disco como cantaor y lo presentó en la Peña en septiembre de 1982. Vino con su madre y cantó los temas del disco, para lo que nos pidió que le acompañara Tomatito a la guitarra, que le encantaba: entre cante y cante le decía "hazme cositas, José". Luego, Pedro acompañó a la guitarra el cante de su madre.

Juan estuvo también en las Semanas de 1979, 1983 y 1985. En la de 1983, que resultó ser histórica porque Antonio Mairena cerró el ciclo con el que fue su último recital en público, Juan cantó la noche anterior y se quedó en Almería para acompañar y escuchar a Antonio. Una difundida foto nos lo muestra sentado junto al escenario de la Peña, mientras Antonio Mairena, de pie, escucha las palabras de Lucas y Paco Vallecillo.

Como dato entrañable para nosotros, Tomatito acompañó a la guitarra a Juan Peña en uno de sus recitales en El Taranto, concretamente en enero de 1985. Su última visita a los aljibes fue en 2003, con su sobrino Pedro a la guitarra. Ya hacía mucho tiempo que no cantaba en peñas, pero ese año hizo una pequeña gira organizada por Manolo Herrera para El Monte.

En 2007 cantó en la Delegación de Gobierno de Almería, en un ciclo organizado por la Consejería de Cultura, en el cual también colaboró la peña El Taranto.

Su hermano Pedro fue el acompañante de Antonio Mairena en su última actuación, la citada de 1983. También acompañó a muchos y variados artistas en la Peña.

Asimismo, Pedro Bacán estuvo numerosas noches en los aljibes. Una ocasión memorable fue la velada en la que Pedro nos trajo un grupo con varios familiares: Concha Vargas, Pepa de Utrera y su marido... y un niño de 17 años llamado entonces Joselito de Lebrija, hoy conocido como José Valencia. Su cante por seguiriyas en la secretaría, después de terminar el recital, hizo llorar a Concha y las camisas no se rompieron por poco.

Enrique Morente

El caso de Enrique Morente es significativo, pues fue muy criticado por la afición más clasicista o castiza, especialmente en Sevilla, Jerez y alrededores. Incluso en su Granada natal tenía muchos detractores al principio de su carrera. Más de una vez dijo en público que en Almería lo aceptaban mucho más que en Sevilla, e incluso más que en su Granada. Como ejemplo, he aquí un párrafo de la entrevista que le hicieron en la revista *Sevilla Flamenca* de junio de 1994:

> *Le tengo un gran cariño a Almería. Cuando no creían en mí en muchos sitios, en Almería me llamaban casi todos los años y estaba en el Festival de la Alcazaba con los mismos honores que cualquier otro cantaor importante, y esto siempre se lo he agradecido a la peña El Taranto y a la afición de Almería.*

Por eso sorprende que José Sorroche, en las páginas 83 y 84 del libro *Sorroche. La madrugá flamenca de Almería. Memorias contadas por Luis García Yepes* (IEA, Almería, 2016), diga que en Almería no se tragaba mucho a Morente, que en un festival de la Alcazaba, que "ya empezaba él con sus cosas", no les gustó porque la gente "era más papista que el Papa (...) Al principio fue muy criticado por los listos del flamenco". Añade que "otra vez que vino a El Taranto, no me acuerdo por qué fecha fue, que no terminó de cantar... algo escuchó él en el público que se levantó y no cantó más". Dice que esto ocurrió en 1994.

Vamos por partes. El recital que interrumpió no fue en 1994, sino en 1984. Era la Semana de Mayo. Quizá por el mal fario de que era la 13ª tuvo un mal momento, agravado por el hecho de que las cámaras de TVE estaban grabando uno de sus cantes, el primero de la segunda parte; se sintió mal y cortó el recital. No quería cobrar, pero Lucas y Alfredo lo siguieron hasta el hotel y todo se tranquilizó.

Por otra parte, veamos un par de testimonios más sobre la relación de admiración y cariño de la peña El Taranto hacia Enrique.

En un artículo firmado por "Drocas" (seudónimo de Lucas López y Pedro Arbide, padre) y publicado en *La Voz de Almería* en marzo de 1976, dicen que "algunos aficionados preferirían que se atuviera a los cantes tal como lo hacían la Trini, la Niña o el Marrurro", pero aducen que "Morente tiene una personalidad propia e impresionante" y elogian su forma de entender el cante puro.

En el mismo diario, el 6-12-1978, Constantino Díaz firma un artículo sobre el recital que Morente había ofrecido en El Taranto el sábado anterior, acompañado por Pepe Habichuela. A pesar del ambiguo titular "La mistificación (sic) del cante", en realidad elogia sin reservas el cante de Enrique y termina diciendo que "fueron despedidos con una gran ovación y las mayores muestras de cariño".

En una entrevista que le hicieron a Alfredo, como presidente de El Taranto, en *La Voz de Almería* (13-12-86) dijo:

Valga el ejemplo de Enrique Morente, uno de los innovadores más grandes del flamenco, que nunca ha sido bien comprendido. Pues bien, se puede decir que Almería es el feudo de Enrique Morente, aquí se le acoge siempre con mucho cariño.

Pero el mejor argumento es su historial de actuaciones en la Peña y en el Festival de verano. Su primera intervención en el Festival de Almería fue en agosto de 1971. Al año siguiente repitió y la Peña le otorgó su trofeo al mejor taranto cantado en esa noche. El 7 de octubre de ese mismo año —1972— vino a recoger el trofeo a la Peña y fue su primer recital en los aljibes.

En 1973 repitió en la Peña y en el Festival de agosto. En El Taranto estuvo en la II Semana, el 13 de mayo, acompañado, igual que en el recital del año anterior, por Manolo Sanlúcar. ¡Menuda pareja!

En la IV Semana, mayo de 1975, cantó acompañado por Manolo Brenes. Obtuvo un gran éxito, como muestra el párrafo final de un artículo que Equipo Alfredo publicamos en *Ideal*: "Nadie podrá negarle a Morente su genio e intuición musical (...) los asistentes, que llenaban todos los huecos imaginables del local de la Peña, se entregaron a Morente".

En marzo del 76 y en diciembre del 78 cantó acompañado por Pepe Habichuela. En diciembre de 1980 y en noviembre del 82 lo acompañó Paco Cortés. En la X Semana, el 19 de mayo de 1981, lo acompañó Tomatito.

Después del comentado recital de 1984 hubo un paréntesis hasta 1993. Y es que Enrique ya casi no cantaba en peñas desde finales de los ochenta. Pero lo convencimos para que viniera a la Semana y cantó de tal manera que obtuvo el Trofeo Lucas López. Fue apoteósico.

Naturalmente, vino para recoger el trofeo en mayo del año siguiente, 1994, y realizó otro gran recital, acompañado por las guitarras de Juan y Pepe Habichuela. Fue su última actuación en los aljibes, pero de esa noche surgió un concierto en la Alcazaba. Es interesante contarlo con cierto detalle.

Después del recital, durante la cena habitual que se ofrece a todos los artistas en la Peña, le presentamos a Juan José Heredia "Niño Josele", que era entonces, propiamente, casi un niño. Le tocó la guitarra un poco, a Enrique le gustó y acordamos prepararle un recital en algún espacio público de Almería. Fuimos a proponérselo al concejal de cultura, a la sazón Celso Ortiz, y conseguimos que los contrataran para un recital en la Alcazaba. Tuvo lugar el 15 de agosto de ese 1994. Juan José hizo una primera parte con su grupo y en la segunda acompañó a Enrique por granaínas, tarantos, soleares, seguiriyas y tangos. El público, más de mil espectadores, los despidió aplaudiendo en pie.

Aunque no volvió a cantar en la Peña, siguió acudiendo a los festivales de Almería y al de "Por Tarantos a Almería". En el de 2001 cantó acompañado por Tomatito, en una noche del Festival de Almería dedicada exclusivamente a ellos dos. En 2008, dos años antes de morir, tuvo lugar su última intervención en el festival del San Juan Evangelista de Madrid.

José Monge Cruz "Camarón"

En la relación de El Taranto con Camarón tuvo bastante que ver el temprano fichaje de Tomatito para acompañarlo en recitales y festivales (luego también como segunda guitarra en los discos, con Paco de Lucía).

En los aljibes cantó tres veces, en 1976, 1984 y 1985. Camarón siempre cantó pocas veces en peñas, y en 1984 ya era absolutamente infrecuente. Por eso muchos, en Almería y hasta en Sevilla, comentaron que era un farol de la peña El Taranto y que Camarón no aparecería. Es verdad que sus incomparecencias eran relativamente frecuentes en algunos festivales. Incluso faltó en el Internacional de Música y Danza de Granada. Y el caso es que estaba en Granada, en el Hotel Meliá de la calle Ganivet, y se demoraba como solía hacer. Tomatito hizo dos o tres solos de guitarra y finalmente se suspendió el concierto. No ocurrió nunca así en los festivales de la ITEAF, a los que acudió cada vez que lo requerimos.

En relación con sus recitales en los aljibes, en el libro citado de la biografía de José Sorroche, dice el cantaor almeriense:

Ya ves tú, Camarón, que vino también a El Taranto y estaba cantando para comérselo —eso antes, mucho antes del San Juan Evangelista—, y dijo: 'Voy a cantar un poquito por seguiriyas'. Cantó como yo no lo había escuchado en los festivales en mi vida, ¿y sabes lo que le pedía la gente, los aficionaos (sic)? 'Como el agua'. (...) Y tuvo que dejarlo por donde iba y decir: 'Bueno, pues lo que queráis'. Antes estuvo cantando por soleá, por seguiriyas. (...) Iba con ganas y va y la gente y le pide... Y él les siguió el rollo, y estaba cantando de muerte."

Esta última frase es la única verdad de todo el párrafo que hemos transcrito del libro citado. Los tres recitales de Camarón en los aljibes, el del 15 de noviembre de 1976, el del 19 de mayo de 1984 y el del 17 de mayo de 1985, están grabados y, como todos los recitales de la Peña, guardados en nuestros archivos, y también están a disposición de todo el mundo en el Centro de Documentación Musical de Andalucía. Incluso la seguiriya a la que alude Sorroche se puede ver y escuchar en "YouTube" escribiendo "Camarón peña Taranto seguiriyas". Cualquiera puede comprobar que no existió esa "conversación" entre Camarón y los socios de El Taranto, y que ni cantó "Como el agua" ni nada similar. Las ovaciones al final de cada cante fueron estruendosas y unánimes. No se merecía menos.

José llegó algo tarde (solía hacerlo siempre porque no quería que lo agobiaran en los camerinos), pero llegó, conduciendo su Mercedes, se instaló en el hotel y apareció en los aljibes, que estaban a reventar. No se movió nadie a pesar del retraso. Y tuvieron –tuvimos– un premio grande. Hizo diez cantes, sin repetir ninguno, salvo las bulerías con las que cerró las dos partes del recital. Por supuesto nadie le pidió ningún cante; él fue haciendo los que quiso, incluidas las impresionantes seguiriyas citadas. Hasta cantó peteneras. Y unas impresionantes tarantas que le hicieron exclamar a Lucas: "Ha cantado la taranta de La Gabriela mejor que Chacón". Las ovaciones fueron constantes, desde la llegada hasta la despedida. Como es lógico, el jurado le otorgó el premio Lucas López de ese año, y vino a recogerlo en 1985. Y nos regaló otro recital inolvidable.

Tampoco se puede referir Sorroche al recital de 1976 porque el disco "Como el agua" lo grabó en 1981. Seguramente la memoria (o la poca simpatía que muestra por la Peña en varias páginas del libro, a pesar de que ha cantado allí más de veinte veces) le ha hecho aplicar a un recital en los aljibes lo ocurrido en el Festival de Adra del 30 de junio de 1984, organizado con la colaboración de El Taranto. Un borracho se acercó repetidas veces al escenario gritando "¡Canta 'Como el agua'!". Camarón acortó su actuación y no apareció más a pesar de las insistencias de Lucas López y de Lola Benavides, que era la presentadora. Por cierto, el cartel era casi inmejorable: Camarón, Pansequito, Chano Lobato y Juana la del Revuelo. Los guitarristas fueron Tomatito y Paco Cepero (quien, por cierto, evitó que la presentadora se pegara un porrazo al subir las precarias escaleras de acceso al escenario). Y ya vale con Sorroche. Volvamos a lo que importa.

Nuestra relación con José Monge se inició, como decíamos al principio de este apartado, por medio de Tomatito. Y se convirtió en auténtico afecto (además de la lógica admiración por nuestra parte). En numerosas ocasiones compartimos mesa y tertulia, cosas ambas poco frecuentes en las costumbres del genio de San Fernando. Cuando nos encontrábamos lejos de Almería siempre nos preguntaba por la marcha de la Peña y por los amigos comunes.

Para no repetir lo que contamos en el capítulo de la ITEAF y en el de *Macama Jonda*, sólo añadiremos una anécdota, eso sí, muy significativa y entrañable para nosotros. Uno de aquellos veranos en que cortaba su temporada de recitales sin dar muchas explicaciones, la gente –los "camaronólogos"– comentaba que estaba enfermo, que se había ido a Suiza a curarse, etcétera. Pero estaba en Almería, en el apartamento que tenía Tomatito en Aguadulce. Una tarde llamó Tomate por teléfono a Antonio y le dijo: "José está aquí y quiere comer con Lucas, con Alfredo y contigo". Los recogimos y comimos juntos en el restaurante del antiguo Club de Mar, que estaba en el extremo oeste del Puerto de Almería.

En 1988 vino a cantar en el Festival a beneficio de la ITEAF que organizamos en el Teatro Cervantes de Almería, como clausura de los actos del 25º Aniversario de la fundación de la Peña (ver cartel en el capítulo 8, ITEAF). Además de cantar solo, le cantó para bailar —caso poco frecuente también, que sepamos— a Rafael el Negro. Fue realmente emotivo; Matilde Coral –que había bailado con el cante de Chano Lobato— no podía reprimir las lágrimas al ver a su marido bailando el cante mágico de José.

Damos un salto hacia adelante para contar una anécdota relacionada con esa noche, protagonizada por Matilde Coral en 2009, cuando vino a dar una clase magistral en el Conservatorio de Almería. Fuimos a saludarla al hotel y quedamos para cenar esa noche en la terraza de El Taranto. Allí le enseñamos el libro de firmas, en la que estaba la suya en la página de al lado de la de Camarón, en aquel mayo de 1988. Se le volvieron a saltar las lágrimas y besó la página donde está la firma de Camarón. El caso es que dejó marcados los labios y ahí ha quedado el testimonio del cariño y la veneración de la genial bailaora hacia Camarón. Por cierto, la dedicatoria dice: "A la peña de más sabiduría de España. Camarón".

En 1990 cantó dos veces en Almería: el 20 de enero en el teatro Cervantes, en un concierto sólo con Tomatito, organizado por el Ayuntamiento y la peña El Taranto. Hay noticias en la prensa local, evitamos comentarios repetitivos. Y en el XXIV Festival, que ese año se incluyó dentro del programa Almediterránea '92, proyectado para celebrar el centenario de Antonio de Torres en 1992. Para detalles sobre Almediterránea y el resto del cartel del Festival (cuatro noches) sírvanse volver al capítulo Festivales.

Su última aparición en público también tuvo que ver con Almería y con El Taranto. Fue en el festival "Por tarantos a Almería" celebrado en el Colegio Mayor San Juan Evangelista, en Madrid, los días 24 y 25 de enero de 1991. Camarón cantó el 25 y estuvimos presentes un nutrido grupo de socios de El Taranto.

Otros grandes y asiduos

Ya hemos dicho que todos los grandes artistas flamencos de estos sesenta años han pasado por los aljibes. Algunos de los más grandes vinieron con tanta frecuencia que se forjó una especial relación de amistad. Es el caso de dos cantaores que hemos elegido por lo inusualmente repetido de sus actuaciones en la Peña. Por supuesto, también vinieron muchas veces a los festivales y a otros actos públicos, que evitamos reseñar porque están al alcance de quien quiera hurgar en hemerotecas y otros archivos.

Chano Lobato

Juan Ramírez Sarabia es, sin duda, el cantaor que más veces ha estado en los aljibes. La primera vez fue una noche muy singular: después de muchos años de cantar para el baile, especialmente para Antonio Ruiz, se decidió a cantar "alante", y la Peña, atenta siempre a las novedades, lo contrató en el invierno de 1979.

A pesar de su reconocido desparpajo y gracia para meterse al público en el bolsillo, en aquel debut se quedó mudo por los nervios. Los socios lo arroparon, pasó el trago pero no pudo cantar. Volvió a los pocos meses, en mayo de 1979, con Pepa Montes y Ricardo Miño. Fue una gran noche

Tócame por malagueñas, sobrino

Una noche de agosto estaba Rafael de Paula en la terraza de los aljibes después de una tarde de toros. También estaban Chano Lobato y Tomatito. Alguien comentó unas críticas que había hecho en público Beni de Cádiz sobre el toque de Tomatito, entre las que había dicho que no tocaba por malagueñas. Chano se subió al pequeño escenario que teníamos en la terraza, llamó a José y le dijo: "Sobrino, dicen que no sabes tocar por malagueñas; tócame por ahí". Y lo bordaron ambos.

de flamenco. A partir de entonces sus actuaciones fueron habituales, a veces dos en el mismo año. Un socio propuso, medio en broma, hacerle una "iguala" debido a la gran calidad de todos sus recitales siguientes.

Algunas actuaciones especiales fueron: en febrero de 1983, la Peña organizó un recital con motivo de los carnavales, recién recuperados. Fue en el salón de actos de Magisterio, y cantaron Nano de Jerez, Chano y Romerito, con la guitarra de José Luis Postigo. En febrero de 1984 cantó con Tomatito (en recuadro aparte contamos una anécdota sobre Chano, Tomate y Beni de Cádiz).

En mayo de 1988, dentro de los actos del 25 aniversario, en el festival a beneficio de la ITEAF que montamos en el teatro Cervantes, le cantó a Matilde Coral, ya lo contamos un poco más arriba.

En diciembre de 1991, con Tomatito en la Casa de la Juventud, con motivo de la Navidad, en un acto organizado por el Ayuntamiento y la Peña.

En diciembre de 1993 El Taranto organizó un homenaje a José Ángel Valente con motivo de su nombramiento como Socio de Honor en junio de ese año. José Ángel solicitó que el cantaor que actuara en su honor fuera Chano.

Repitió con Tomate en muchas ocasiones: 1985, 1987, 1991, 1992 (gana el Trofeo Lucas López), 1993 y 2001. También cantó muchas veces con Juan Habichuela; en el otoño de 1997, estuvieron ambos en la Universidad, en un acto organizado por el vicerrector de Extensión Universitaria, a la sazón Agustín Molina. Contaron anécdotas, cantaron y tocaron "pa rabiar", sacaron a bailar por tangos a la entonces presidenta Lola Benavides, y los estudiantes no querían irse: tuvieron que echarlos.

Estuvo en las Semanas de mayo de 1986, 1990, 1991, 1992, 1993, 1997 (con Niño Josele, y ganó el trofeo Taranto de ese año), 1998 y 1999.

Otros recitales además de los citados: en febrero de 1995, en el primer recital que dimos en la sede provisional de la plaza Flores. Octubre de ese mismo año, "despedida" de Juan Habichuela, quien luego lo acompañaría varias veces: en noviembre de 1997 y en diciembre de 1999. ¡Nunca un retirado ha trabajado tanto! En marzo de 1998, con Rancapino y Fernando Moreno. En octubre de 2000, el primer recital en la vuelta de la Peña a los aljibes. Y en febrero de 2005 fue su última actuación en El Taranto.

Antonio Núñez "Chocolate"

Empezó su relación con Almería muy pronto, en el primer Festival, en agosto de 1967. Luego ha estado en numerosas ediciones. Por reseñar algunas de las primeras, en la de 1971 obtuvo el primer "Trofeo al mejor taranto" que la Peña otorgó unos pocos años. En noviembre de 1973 participó en el festival que organizó El Taranto a beneficio de los damnificados por las inundaciones de septiembre de ese año.

Sus recitales en los aljibes de El Taranto fueron numerosísimos. A finales de 1971 debutó en la Peña para recoger el Trofeo ganado en el festival de ese verano. Hay foto del acto, con la insignia de El Taranto en la solapa. Insignia que luego llevaría en muchas fotos y en apariciones televisivas.

Intervino en nueve ediciones de la Semana de mayo: 1976, 1979, 1987, 1989, 1991 (obtuvo el Trofeo Lucas López al mejor recital del año), 1992, 1994, 2000 y 2003.

Otros recitales en los aljibes: marzo de 1978, enero de 1984, 1986 y febrero de 1999 (fue la segunda vez que ganó el trofeo al mejor recital del año).

Lo han acompañado, entre otros guitarristas, Tomatito, Pedro Peña, Juan Habichuela, Manuel de Palma y Antonio Carrión.

Mayo, 1988. El director general de Fomento y Promoción Cultural, Pedro Navarro, entrega al presidente de El Taranto la estatuilla de Andalucía en presencia del alcalde de Almería, Santiago Martínez Cabrejas.

8| Colaboraciones con otras entidades

L as colaboraciones con numerosas entidades públicas y privadas están citadas en varios capítulos de este libro: Universidad, Ayuntamiento de la capital y de otros varios pueblos, Diputación, Consejería de Cultura, Consejería de Educación, Bienal de Sevilla, Ateneo de Almería...

Con el Centro Andaluz de Fotografía tuvimos una fructífera colaboración que no sólo nos aportó una serie de exposiciones de primer nivel, sino que eso evitó las frecuentes muestras de horrorosos trabajos manuales, cuadros de principiantes y otras aún más espantosas exposiciones que solían tapizar los venerables muros de los aljibes.

Algunos casos de colaboraciones merecen ser contados con detalle.

8.1 | Con el Ateneo de Almería

Como alternativa a la Tertulia Indaliana, José María Artero fundó el Ateneo de Almería a mediados de los 70. Le sucedió en la presidencia Fausto Romero, a finales de la década. Uno de nosotros, Antonio, entró en la directiva de Fausto, primero como vocal de folklore y luego como secretario.

Desde el primer momento Fausto se interesó por colaborar en actividades flamencas con la peña El Taranto, a la que consideraba institución cultural del primer orden. La primera colaboración fue la recuperación de un concurso de saetas que la Peña había convocado en 1970 y 1971, y que no se había vuelto a celebrar desde entonces. En febrero de 1980 se convocó, de forma conjunta por ambas entidades, con tres premios —30.000, 20.000 y 10.000 pesetas— aportados por El Taranto, y un cuarto premio de 5.000 pesetas donado por la marca Fino Camborio. El Ateneo siempre anduvo escaso de efectivo.

Dato significativo de la poca entidad que tenía la Semana Santa en aquellos años es que las bases especificaban que el concurso se celebraría el Jueves Santo y el Viernes Santo, "en los lugares que se designen".

Durante varios años se celebró este concurso, organizado sólo por El Taranto, ya que el Ateneo languideció bastante a partir de finales de los ochenta. La peña El Morato lo recuperó en 1983 y luego ha seguido organizando los cantes de saetas en varios lugares de la revitalizada Semana Santa almeriense.

El Taranto por su parte organiza, desde principios de los años 10 de este siglo, unas Jornadas de Exaltación de la Saeta, en colaboración con el Ayuntamiento de la capital, con total éxito de público.

Volviendo al año 1980 hubo otras dos importantes actuaciones del Ateneo en el flamenco, no ya de ámbito local sino universal: en junio el encuentro de la Orquesta Andalusí de Tetuán con artistas flamencos, y en octubre la petición conjunta (con el Ayuntamiento de Almería y la peña El Taranto) de que el IX Congreso Nacional de Actividades Flamencas se celebrara en Almería. Lo contamos con detalle más adelante.

Otra iniciativa importante del Ateneo relacionada con el flamenco fue el recital que organizó la entidad en abril de 1982 con el título "El flamenco en la poesía actual". Fue en la Escuela de Artes, coincidiendo con la clausura de la exposición "El flamenco en el arte actual", que se había presentado en Córdoba meses atrás. Participaron Francisco Moreno Galván, José Heredia Maya, Fernando Quiñones y Antonio Hernández, con éxito de público.

En 1984 Ateneo y El Taranto organizaron unas jornadas de acercamiento al flamenco en la Biblioteca Villaespesa con la participación, entre otros, de Félix Grande.

En el verano de 1992 Ateneo y Peña organizamos, con el patrocinio del Ayuntamiento, una serie de actos en la terraza de los aljibes: dos conciertos (Tito Alcedo Trío "Recordando a Django Reinhardt" y Sonido Blanco Quartet con fusión flamenca) y la proyección de la película *Le chemin du Rocio*, de Michel Dieuzaide.

Tanto el encuentro de la Orquesta de Tetuán con Lebrijano como la creación y funcionamiento de la ITEAF tuvieron largas repercusiones flamencas y sociales, por lo que vamos a dedicar un amplio espacio a contarlas con detalle, sobre todo con detalles internos que sólo conocemos los que participamos directamente en sus gestaciones y desarrollos.

8.2 | La Orquesta de Tetuán y Lebrijano

En este relato dejamos la voz plural y lo contará Antonio, que era el único de los tres que vivía en Almería en esas fechas.

En junio de 1980 el Ateneo organizó un ciclo sobre flamenco y música andalusí, con la colaboración de la Diputación y el Ayuntamiento almerienses, y del Círculo Mercantil, que cedió el Teatro Cervantes.

La iniciativa vino de José Heredia Maya (en adelante, Pepe Heredia), creador y director del Seminario de Estudios Flamencos de la Universidad de Granada. Pepe llevaba varios años en contacto con el Conservatorio de Tetuán, donde están custodiadas las partituras que se llevaron los músicos que emigraron de Granada a Tetuán tras la toma de la ciudad por los Reyes Católicos. La idea de Pepe era montar un espectáculo basado en el encuentro del flamenco y la música andalusí.

Para calentar motores, ese año había programado una pequeña gira de la Orquesta de Música Andaluza del citado conservatorio por algunas ciudades. Esta orquesta era del máximo nivel, formada por profesores del conservatorio, algunos de ellos de fama popular. Mohamed Larbi Tensamani, director del conservatorio, tocaba el laúd y dirigía la orquesta. Aunque la gran figura era el cantor y violinista Abdessadak Chekara, músico excelso muy reconocido en su país, hasta el punto de que era "Cantor del Rey". En la grabación del concierto conjunto se oye a Lebrijano dedicarle oles entusiastas en varios momentos.

Para el concierto de Almería, Pepe Heredia me pidió la colaboración del Ateneo, y pensamos en un encuentro con un cantaor flamenco de primera fila. Pepe se lo propuso a Enrique Morente, que en principio aceptó encantado, pero cuando llegó el momento de cerrar contratos no hubo acuerdo por lo corto del presupuesto que teníamos. Pepe llamó entonces a Juan Peña "Lebrijano", quien aceptó la escasa paga.

Se anunció el concierto conjunto para el martes 10 de junio. El ciclo se completó con una conferencia de Félix Grande, otra de Juan Orellana y otra de José Heredia Maya (en los carteles apareció Mayo en vez de Maya), los días 9, 12 y 13.

Por cierto, el guitarrista anunciado, Pedro Peña, fue sustituido por Enrique de Melchor, quien, por cierto, tuvo una destacada influencia en el éxito del encuentro. Él fue quien, tras escuchar los ensayos de la orquesta, propuso "La Tarara" como nexo de ambas músicas, por sus ritmos y sus cadencias. Está claro que tuvo una intuición genial, porque "La Tarara" ha seguido siendo pieza clave en los sucesivos encuentros. Pero no nos adelantemos.

El concierto fue un rotundo éxito de público y de crítica; eso sí, con la clásica "excepción que confirma la regla": un flamenco local comentó en un programa de radio que nunca habían esperado los moros llegar tan alto ni el flamenco tan bajo. Por el contrario, todos los medios locales le dedicaron amplias informaciones y comentarios elogiosos (copiamos sólo dos), el público llenó el Cervantes y asistió a las conferencias, con aplausos abundantes. Algunos comentarios aparecidos en la prensa local:

...con aplausos, coreando terminaba el público puesto en pie, y haciendo arder las palmas (...) tal vez estábamos asistiendo al nacimiento de un nuevo género interpretativo." (La Voz de Almería, 11-6-80)

...suscitado por el extraordinario concierto de la Orquesta del Conservatorio de Música de Tetuán en torno a la música andalusí". (Ideal, 15-6-80)

Y, sobre todo, tuvo importantes repercusiones. La más directa fue el espectáculo *Macama Jonda*, que Pepe Heredia estrenó en 1983. Llevaba años preparándolo, como dije más arriba, y este concierto fue el único ensayo público. Aunque Pepe había preparado algún otro concierto conjunto de la Orquesta de Tetuán con artistas flamencos —el segundo, inmediatamente después del de Almería, para las fiestas del Corpus de Granada— los artistas programados, Lole y Manuel, no se decidieron a cantar junto a los marroquíes.

Volvieron a cantar y tocar juntos Lebrijano, Enrique de Melchor y la Orquesta de Tetuán en otra ocasión. Fue de nuevo en Almería, en la Plaza de la Constitución, durante los festivales programados por el Ayuntamiento; el 18 de agosto de 1982 para ser exactos. La grabación la realizó Ángel Valdivia y Pepe Heredia se la llevó para seguir preparando *Macama Jonda*.

Poco después Lebrijano se desvinculó del proyecto de Pepe Heredia y empezó una etapa de su carrera basada en ese encuentro con la música andalusí, etapa que le ha durado hasta prácticamente el final de su vida.

Ignoro los detalles de la ruptura, pero el caso es que Juan se dirigió a la Orquesta de Tetuán con la pretensión de firmar un contrato para una serie de conciertos. La formalidad de Tensamani y del resto del grupo hizo que se negaran, alegando que ya tenían un contrato firmado con José Heredia y no se les ocurriría romperlo. Así que Juan se buscó otra orquesta –de menor calidad, hay que decirlo— y montó su espectáculo, bien conocido a lo largo de décadas, por lo que no hace falta contar nada más aquí.

Pepe siguió escribiendo los textos y proyectando la escenografía y el "reparto" para su espectáculo. Un día me llamó para que fuera a Granada, porque Camarón había mostrado interés y habían quedado para que escuchara las músicas y los textos que estaban ya embastados. No apun-

Teatro Cervantes, 10-6-1980: Chekara es el tercero por la izquierda; a su derecha Pepe Heredia, Lucas López, Lebrijano y Enrique de Melchor.

té la fecha, ni falta que me hace; tengo un recuerdo imborrable de las horas que pasamos juntos.

En una pequeña y bonita sala de la Madraza, junto a la Catedral, estuvimos los cuatro –Camarón, un acompañante, Pepe y yo– escuchando y comentando durante dos o tres horas. Cuando se hizo la de comer subimos al Sacromonte, donde Juanillo nos había preparado en su conocida cueva un arroz, que comimos con nuestras mujeres y dos o tres amigos más.

Lamentablemente, Camarón no se incorporó al proyecto, cosa por otro lado esperable dado el apretado programa de recitales que tenía.

Finalmente fue Enrique Morente quien estrenó *Macama Jonda* en el Teatro Manuel de Falla de Granada, el 25 de febrero de 1983. El resto del elenco lo formaron los cantaores Jaime Heredia "el Parrón", Antonia "la Negra" y Luis Heredia "el Polaco"; Mariquilla, Manolete, Juan Montoya y María José Velasco al baile; las guitarras estuvieron a cargo de Paco Cortés y Niño Jero. Y la Orquesta de Tetuán con Chekara también dirigiendo, ya que Tensamani estaba algo mayor para tanto ajetreo.

El espectáculo giró por toda España, incluida Almería, y quedó grabado en un disco editado por Ariola. Sigue siendo un referente, tanto para el teatro flamenco como para la fusión musical.

8.3 | El IX Congreso y sus consecuencias

El 28 de febrero de 1980 se había celebrado el Referéndum para la Autonomía de Andalucía. Las condiciones que el Gobierno había puesto para que Andalucía accediera a la autonomía por el artículo 151 eran absolutamente antidemocráticas: requería superar el 50 %, no de los votos emitidos, sino de TODO el censo de cada una de las ocho provincias. Por cierto, no actualizado, algunos muertos tenían que votar. En Almería hubo 42,07 % de síes y 4,03 % de noes. A pesar de tan abrumadora victoria, oficialmente el referéndum se había perdido en Almería. Y todavía hay quien lo sostiene.

El caso es que para —entre otros motivos— reivindicar la identidad andaluza de Almería, el Ayuntamiento de la ciudad, el Ateneo y la peña El Taranto enviaron una comisión conjunta al VIII Congreso Nacional de Actividades Flamencas que se celebraba en octubre en Fuengirola y Málaga, para pedir que la IX edición del Congreso se celebrara en Almería. La comisión estaba integrada por Fernando Navarrete, concejal del consistorio almeriense, Lucas López por El Taranto y Antonio por el Ateneo. Allí se unió Agustín, a la sazón profesor de la Universidad de Málaga.

Para no ser prolijos, resumamos que la práctica totalidad de los asistentes aprobaron nuestra propuesta, a pesar de que las sedes de los congresos se adjudicaban con dos años de antelación y, por tanto, el de 1981 ya estaba adjudicado a Jaén desde 1979. Los organizadores jiennenses nos cedieron generosamente su turno.

También tuvimos un decidido apoyo del "grupo de Sevilla", es decir, de los que fueron en adelante nuestros íntimos amigos Paco Vallecillo, Manolo Herrera, Paco Cabrera, Paco Celaya...y Antonio Mairena como patriarca del flamenco que era en esa época, y muy amigo de Vallecillo, de los sevillanos citados y de Lucas. Lucas ya los conocía a todos ellos desde hacía años, pero para el resto de nosotros fue un encuentro muy especial, unas amistades que duraron mientras vivieron.

El IX Congreso, en septiembre de 1981 fue un éxito. Las sensaciones primeras que vienen a la memoria al recordar aquel acontecimiento son emoción y calor. Aquel septiembre hizo mucho calor en Almería.

Tertulia en El Taranto con Luis Rosales
y Antonio Mairena. 18-9-1981

En una de las revistas flamencas que escribieron sobre el congreso titu-
laron "El Congreso del calor". El lugar donde se celebraron las sesiones
era abrasador: el salón de actos de la antigua Escuela de Magisterio,
que tenía unas condiciones regulares y carecía de cualquier sistema de
ventilación. Era el único local disponible en la ciudad para reunir a la
numerosa concurrencia.

El segundo sentimiento, la emoción, fue permanente mientras duró el
Congreso y perduró durante muchísimo tiempo: asistentes, cantidad de
ponencias, interesante presencia de *tuttiquanti* en el flamenco eran relevantes: artistas, autoridades y gente más o menos interesada. Aparte del
contenido fueron éxitos totales la cena de clausura y el festival que se
celebró en dos sesiones en el Teatro Cervantes: una con los artistas consagrados y otra con las "jóvenes promesas".

Un momento culminante fue la tertulia improvisada que tuvo lugar
en la terraza de los aljibes. A mediodía, en pleno sofoco, unos pocos
tuvimos la suerte y el privilegio de escuchar a las dos personalidades

más destacadas de la asistencia: Antonio Mairena y Luis Rosales. La tertulia derivó en un diálogo entre el maestro del cante y el egregio poeta que nos mantuvo absortos; eso sí, corriendo las sillas de vez en cuando para huir del sol que avanzaba. La conversación se puede resumir diciendo que se habló de la vida, pero con una profundidad que nos dejaba sin respiración. Por supuesto también de flamenco; de lo que se trataba era de escuchar a aquellos dos sabios, contar su vivencia histórica.

En el aspecto organizativo los almerienses tuvimos una decisiva influencia: redactamos unos nuevos estatutos para estos congresos, que fueron aprobados en el pleno y se utilizaron en adelante.

Como parte de su colaboración con el Congreso, el Ateneo costeó la publicación del libro *De cante grande y cante chico,* de José Carlos de Luna, con prólogo del presidente, Fausto Romero-Miura.

En lo personal, nosotros presentamos una ponencia y se publicó la segunda edición de *El flamenco y los gitanos*. Junto a ello, los contactos y conversaciones con muchos de los asistentes nos dejaron un recuerdo muy satisfactorio.

La clausura fue muy relevante por la presencia del presidente de la Junta Andalucía, Rafael Escuredo, que le impuso a Mairena la Medalla de Plata al Mérito al Trabajo que le había concedido el Ministerio del ramo.

Al final de la cena, Juan Habichuela, que se había llevado la guitarra "por si acaso", estuvo todo el rato provocando a Mairena, hasta que el maestro se decidió y cantó. Cantó "de bien p'arriba". Y no quedó grabado, salvo en la memoria de los asistentes. La noche, junto al Mediterráneo, en el antiguo emplazamiento del Club de Mar, al fondo del puerto comercial, era templada (por fin), aromática y llena de sensaciones emocionadas. A todos los que estuvimos allí nos dejó huella.

Pero quizá lo más importante y trascendente fue la creación de la Institución Social para la Tercera Edad de los Artistas Flamencos (ITEAF), que obligatoriamente ha de ocupar un extenso capítulo en este relato.

8.4 | Institución para la Tercera Edad de los Artistas Flamencos

Todavía a finales de los setenta la situación de los artistas flamencos era impropia de un país europeo occidental. Incluso los que estaban en activo vivían con el futuro en el aire; algunos recurrían a apuntarse como jornaleros agrícolas y pagarse las cuotas para poder tener médico, jubilación, etcétera. Mucho peor estaban los que ya no podían actuar. Como decía el presidente de la ITEAF en la carpeta de un disco de 1987:

Nace oficialmente la ITEAF en Almería (1981) (...) porque un grupo de personas entiende que ha llegado el momento de decir basta y de no dar la espalda a un problema cercano y de verdadera injusticia social: la situación en que se encontraba un determinado colectivo de veteranos artistas flamencos.

Todo el proceso de creación tiene su origen en una ponencia presentada por Francisco Vallecillo Pecino (el célebre Paco Vallecillo) en VIII Congreso Nacional de Actividades Flamencas, celebrado en Benalmádena entre el 1 y el 4 de octubre de 1980. La ponencia de Vallecillo, que concluyó en propuesta, se titulaba "Ante la situación de los artistas flamencos de la tercera edad".

Aprobada la propuesta por clamorosa unanimidad, se creó una Comisión Gestora para la elaboración de un borrador de estatutos fundacionales que pudieran ser divulgados, para su revisión, entre las peñas flamencas andaluzas y del resto de España.

En este congreso de Benalmádena se aprobó también asignar la sede del congreso de 1981 a Almería, aprobando la candidatura presentada por tres entidades almerienses: Ayuntamiento de la capital, Ateneo y Peña El Taranto. La coincidencia de la aprobación de las dos propuestas —la de Paco Vallecillo y la designación de Almería— va a ser decisiva en el proceso de gestación de la ITEAF: para empezar, la citada Comisión Gestora vino a coincidir en su composición con la Comisión Ejecutiva Intercongresos que, en su primera reunión celebrada en Almería el 8 de noviembre de 1980, tomó como una de sus tareas principales la redacción y tramitación de unos estatutos para la asociación ya denominada "Institución Social para la Tercera Edad de los Artistas Flamencos".

Los primeros borradores de los estatutos de la ITEAF se redactan en Almería, con participación principal de Lucas López López, fundador de El Taranto, con el asesoramiento jurídico del abogado y presidente del Ateneo, Fausto Romero-Miura. Para afinar el documento se establecen dos equipos de trabajo, este de Almería y otro en Los Palacios (Sevilla) con Manuel Herrera Rodas —nuestro Manolo Herrera— a la cabeza. Paco Vallecillo, Manolo Herrera, Francisco Sánchez Cabrera (Paco Cabrera), Lucas López...unidos en este proyecto altruista y en la admiración y amistad con el maestro Antonio Mairena, acompañado siempre por Francisco Celaya Tébar (Paco Celaya), otro puntal fundamental en la historia de la ITEAF.

Después de numerosas conversaciones telefónicas e intercambios epistolares a nivel nacional, en una reunión celebrada el 18 de enero de 1981 en Los Palacios, los estatutos adquieren su texto definitivo que, con los informes favorables de los ministerios de Cultura y Trabajo, Sanidad y Seguridad Social y los emitidos por el Gobierno Civil de Almería, son visados por el Ministerio del Interior el 29 de julio de 1981, inscribiéndose la ITEAF en el Registro Nacional de Asociaciones con el nº 41.669. El domicilio social original fue la Plaza de la Constitución nº 1, Casa Consistorial de Almería, y los promotores firmantes: Santiago Martínez Cabrejas (alcalde de Almería), Fernando Navarrete López-Cózar, Lucas López López, Francisco Vallecillo Pecino, Francisco Sánchez Cabrera, Manuel Herrera Rodas y Antonio Zapata García.

Gestoras, Directivas y Asambleas

El 17 de septiembre de 1981, en el marco del ya citado IX Congreso Nacional de Actividades Flamencas celebrado en Almería, tiene lugar la presentación pública de la ITEAF y se ratifican unánimemente las acciones realizadas para su constitución formal. Asimismo, se nombra una Comisión Gestora que con inmediatez organiza una Asamblea General a celebrar en Sevilla el cercano 31 de octubre. En esta primera sesión oficial de la ITEAF es cuando se elige la primera Junta Directiva, presidida por Francisco Vallecillo Pecino y compuesta, además, por Lucas López López (vicepresidente), Manuel Herrera Rodas (secretario), Antonio Zapata García (vicesecretario), Francisco Celaya Tébar (tesorero), Ángel Marín Rújula (contador) y, como vocales, Antonio Fernández Díaz "Fosforito", Manuel Cano Tamayo, Pedro Peña Fernández, Francisco Sánchez Cabrera, Agustín Benítez García, Calixto Sánchez Marín, Miguel Núñez Núñez y José María Soler Solís.

En marzo de 1983 Francisco Vallecillo dimite porque fue nombrado responsable del arte flamenco en la Junta de Andalucía. Se convocan elecciones para renovar la mitad de la Junta Directiva, de acuerdo con los Estatutos, en la siguiente Asamblea General, en Granada, en septiembre de 1983.

En realidad, esta renovación y las siguientes no fueron totales por las pocas personas dispuestas a aceptar este compromiso, que obligaba a numerosos viajes: más de treinta entre septiembre de 1981 y septiembre de 1989, cuando se acordó disolver la entidad. Añádase que los propios directivos se pagaban todos los gastos de esos viajes y de los que hacían para atender a los artistas beneficiarios. Como decía el sempiterno tesorero Paco Celaya, de la caja no se pagan nada más que los sellos y las cartas.

De manera que Lucas López "ascendió" a presidente, Paco Cabrera quedó como vicepresidente y Manuel Herrera como secretario.

En la siguiente renovación (Los Palacios, noviembre de 1986) es elegido presidente Alfredo Sánchez, vicepresidente Manuel Herrera y secretario Antonio Zapata.

En la última Asamblea General, celebrada en Jerez el 15 de septiembre de 1989, se propone la disolución. Se aprueba, pero como quedan fondos que repartir entre 29 artistas de nuestra lista, y algunos cobros pendientes, se nombra una Comisión Gestora para su liquidación, formada por Manuel Herrera como presidente, Juan B. García Bodi como secretario, Paco Celaya, tesorero y, como vocales, Agustín Benítez, Antonio Benítez, Ángel Marín, Lucas López, Tina Pavón y Fosforito.

Actividades

Aunque no es el aspecto principal de las actividades que desarrolló la ITEAF, el capítulo de ayudas económicas a artistas veteranos que vivían con gran precariedad fue la actividad primera, dada la urgencia de los casos conocidos. Ya en la clausura del IX Congreso de Actividades Flamencas, en el que se aprobó la constitución de la ITEAF, se hizo un primer reparto de ayudas económicas con los beneficios obtenidos en los dos festivales celebrados durante ese congreso.

La organización de festivales para obtener fondos fue una actividad constante, en muchas ocasiones coincidiendo con los Congresos de Flamenco.

Un caso especial fue la organización de circuitos de espectáculos con grupos de artistas veteranos que, además de obtener unos beneficios económicos considerables, proporcionaban a los artistas la ocasión de volver a actuar en público y convivir. Una maravillosa experiencia que detallamos más abajo.

Con algunos de esos artistas se editaron varios discos que tuvieron también la doble misión de obtener fondos y de darles a los veteranos la ocasión de dejar su arte grabado para la posteridad.

De forma paralela, todas las directivas de la entidad —mientras se procuraba el remedio urgente de los casos más sangrantes— se dedicaron desde el primer momento a gestionar ante las diversas autoridades públicas la integración de los artistas flamencos en la Seguridad Social. En realidad, este fue el objetivo fundamental de la creación de la ITEAF y siempre se dijo que el ideal de la Institución era desaparecer cuanto antes porque no hubiera necesidades que atender. Pero no fue fácil. Se mantuvieron muchas reuniones con todo tipo de autoridades del ramo; hay en los archivos abundante correspondencia de ida y vuelta, hasta con el presidente del Gobierno de España. Pasaron muchos años.

Ayudas

Durante doce años la ITEAF repartió ayudas económicas, en algunos casos mensuales, a más de cuarenta artistas. No es necesario cuantificar, pero como ejemplo, en la memoria del curso 84-85, el total de ayudas a artistas ascendió a 2.200.000 pesetas.

Discos

La Institución produjo cuatro discos LP de indudable valor histórico y artístico, cuya venta también aportó fondos para la causa, especialmente el primero, el que grabó Antonio Mairena, una auténtica joya.

– "El calor de mis recuerdos". Antonio Mairena (1983)

Antonio Mairena se ofreció a grabar gratis un disco que venía preparando desde años atrás como despedida y testamento artístico. Lo grabó en el verano de 1983, entre una estancia en el hospital y su muerte, ocurrida el 5 de septiembre. A pesar de eso, su voz y su poderío quedaron patentes. La guitarra está a cargo de Pedro Peña. La carpeta incluye textos del consejero de Cultura, Rafael Román, de Francisco Vallecillo, del presidente de la ITEAF, Lucas López, y del propio Mairena, que dice:

El calor de mis recuerdos es la obligación que yo me he creado, porque he creído siempre que es mi deber, para este sencillo homenaje destinado a unos artistas que tantas horas endulzaron en el mundo atormentado antes y ahora y en toda la historia.

Manolo Herrera se encargó de coordinar la grabación y la edición. Se editaron 2.000 copias, que se pusieron a la venta a 2.000 pesetas. Todos los gastos los sufragó la Consejería de Cultura, con lo que el beneficio neto para la ITEAF fue de cuatro millones.

– "Viejo caudal de cante" (1985)

En noviembre de 1983 Manolo Herrera propuso grabar un disco con algunos beneficiarios de la ITEAF. Se grabó durante 1984 con Joselero de Morón, Tío Juane, Enrique Orozco, El Negro del Puerto, Manolo Fregenal, Cobitos, El Silverio, Manuel Ávila y los guitarristas Manuel Carmona, Eduardo de la Malena y Francisco Manuel Díaz.

– "En la raíz del cante" (1987)

Manolo Herrera propuso otro disco con tres artistas que no habían podido grabar para el disco anterior: Tomasa, Pies de Plomo y Perrate, con la guitarra de Pedro Peña.

También fue aprobado y también se le encargó la realización a Manolo. En esta ocasión hasta las fotos las hizo él.

– **"Cantes de Almería en los Aljibes" (1988)**
La peña El Taranto de Almería ofreció grabar a sus expensas un disco con diversos artistas que lo hicieron de forma gratuita y a beneficio de la ITEAF. La Peña se ocupó de los artistas y contó con subvenciones de la Junta de Andalucía, Diputación y Ayuntamiento almerienses y la Caja de Ahorros de Almería, por lo que tuvo coste cero para la ITEAF.

Espectáculos.

Festivales benéficos con artistas famosos.

Se inició esta actividad en Almería, en 1981. La organización del IX Congreso programó dos festivales con una larga nómina de artistas. Al año siguiente se hizo lo mismo en Jaén, coincidiendo con el X Congreso, y se continuó con este sistema en Granada (1983), Cáceres (1984), Huelva (1985), Hospitalet (1986) y Córdoba (1988). Hasta que se comprobó que, con cierta frecuencia, los resultados económicos no se correspondían con el esfuerzo de los artistas. Desgraciadamente hay que reseñar para la historia que algunos organizadores de congresos, después de solicitar a la ITEAF que organizara "su" festival, luego no liquidaban adecuadamente, pues deducían de la taquilla gastos propios del congreso y/o regalaban entradas, lo que, consecuentemente, rebajaba los ingresos.

Se organizaron también algunos festivales fuera de los congresos:

Málaga, 1982. Organizado por Fosforito, en el que además cantó, junto con Calixto Sánchez, Chiquetete, El Cabrero y otros artistas locales.

Cádiz, 1987. Manolo Herrera se encargó de solicitar ayuda a las autoridades de Cádiz para celebrarlo. La ITEAF se encargaría de contratar a los artistas entre la élite del momento. Se celebró el 23 de enero con un satisfactorio resultado artístico y económico.

Almería, 1988. Organizado por la peña El Taranto. Intervinieron Camarón, Matilde Coral, Rafael el Negro, Chano Lobato, José Mercé, Tomatito, Juan Habichuela y varios artistas más.

Ningún artista se negó nunca. Algunos repitieron varios años. El resultado económico, como se apunta más arriba, fue bastante irregular: en 1982, Jaén declaró una taquilla de 314.000 pesetas; en el de Málaga fue de 181.800; el de Granada consiguió 819.650 pesetas; en Cáceres fue de 219.000 pesetas. En el de Huelva hubo un informe de los ingresos (438.000 de taquilla más 200.000 de subvención de la Diputación), pero la suma no se pudo cobrar en su totalidad. En el festival de Cádiz de 1987 los ingresos fueron 790.880. En el de Almería de 1988 se obtuvieron 710.000 pesetas de taquilla, más 500.000 de subvención de la Junta de Andalucía.

Los Últimos de la Fiesta

En el verano de 1984 la Diputación de Sevilla y la ITEAF cumplimentaron un acuerdo que permitió realizar una campaña de recitales por la provincia de Sevilla, en los que intervinieron viejos artistas. De esta experiencia surgió la propuesta del programa "Los Últimos de la Fiesta", a la que se adhirieron varias diputaciones andaluzas y la Junta de Andalucía. Se acordó contratar a José Luis Ortiz Nuevo para dirigir el programa, y facultar a Manolo Herrera y Paco Celaya para firmar los contratos indistintamente.

Durante el verano y el otoño de 1985 actuaron tres grupos, con veintiún artistas en total, que completaron 29 actuaciones en las provincias de Sevilla, Cádiz, Granada, Almería y Huelva. El 33 % de los gastos los sufragó la Junta de Andalucía y el resto lo cubrieron las diputaciones provinciales, excepto alojamientos, comidas y espacios escénicos, que estaban a cargo de los ayuntamientos correspondientes.

Los artistas percibieron en metálico aproximadamente la mitad de los ingresos totales, además de todos los gastos cubiertos. Sin contar con la "retribución" anímica que recibieron en cariño, aplausos y convivencia.

Solera Viva, 1986

El éxito de "Los Últimos de la Fiesta" nos animó a seguir en esa línea, y en mayo de 1986 se inició un circuito con el nombre de "Solera Viva", que consistió en cinco actuaciones en la provincia de Sevilla, precedidas de un concierto en Madrid.

Viejos Ecos Flamencos

Inasequible al desaliento, Manolo preparó otro proyecto de circuito en colaboración con la Federación Provincial de Entidades Flamencas de Sevilla. En esta ocasión fueron tres artistas: Tomasa, Pies de Plomo y Eduardo de la Malena. Sólo hubo cinco recitales por falta de ayudas públicas.

Otros ingresos

Cuotas de socios y ayudas de instituciones

Aunque estaba previsto en principio que el ingreso principal de la ITEAF fueran las cuotas de socios individuales y de las peñas flamencas, este capítulo siempre fue testimonial: en las cuentas de 1983-84, el número de socios que ingresaron fue de 65, entre peñas e individuos. En 1987 sólo cotizaban doce peñas de las cuatrocientas que había en Andalucía.

Se consiguieron ayudas públicas para discos y festivales, como se ha detallado más arriba, pero la correspondencia registra un alto porcentaje de negativas a colaborar para los fines de la entidad, es decir, para ayudar a los viejos mensualmente.

La Fundación Andaluza de Flamenco donó dos millones de pesetas, el primero de los cuales se recibió en 1988. No consta en las actas la recepción del resto.

Donaciones

Los pintores Antonio Povedano y Francisco Moreno Galván donaron sendas obras, con las que se organizó una rifa. Se encargaron de llevarla a cabo Manolo Herrera y Paco Celaya. Se obtuvieron 466.600 pesetas. Es de destacar que el ganador de la rifa devolvió la papeleta y se acordó subastar los cuadros en el Congreso de Jaén.

Epílogo y un libro como corolario

Al final del apartado Gestoras, Directivas y Asambleas nos habíamos quedado en que Manolo Herrera, al frente de una comisión, fue el encargado de liquidar los fondos de la ITEAF y seguir ayudando a los beneficiarios restantes. El 6 de noviembre de 1993 convocó una asamblea para la disolución definitiva de la Institución, que tuvo lugar el 27 de ese mes en Sevilla, en el hotel Los Lebreros. Asistieron Manuel Herrera, Juan Bautista García Bodi, Tomás Rebelles, Paco Celaya, Rodríguez Cosano, Ángel Marín, Agustín Benítez, Alfredo Sánchez y Antonio Zapata.

Se acordó la distribución de los últimos dineros: 447.213 pesetas, que fueron repartidas en tres ayudas de 25.000, siete de 45.000 y una de "cincuenta y siete mil y pico". Hasta el último céntimo. Los posibles ingresos que pudieran generarse de derechos y de ventas de discos y libros se cedieron al Centro Andaluz de Flamenco, hoy Instituto Andaluz de Flamenco.

En aquellos once años compartimos algunas alegrías y bastantes frustraciones por las necesidades sin cubrir y por el poco apoyo de la mayoría de las instituciones públicas y, sobre todo, del mundo flamenco; con la excepción destacadísima de los artistas en activo, que se volcaron cada vez que se lo pedimos.

Como ha quedado claro en esta relación de actividades de la ITEAF –y si no, lo repetimos ahora– el papel de Manolo Herrera en esta historia, y en tantas otras del flamenco al más alto nivel, fue no sólo relevante, sino decisiva e imprescindible.

Su última aportación es el libro *Flamencos. Viaje a la generación perdida*, que se publicó poco después de su muerte. Es un corolario más de su trabajo en la ITEAF, ya que el libro se compone de entrevistas realizadas durante trece años a artistas ya entonces muy veteranos.

Aunque publicó algunos resúmenes en la revista *Sevilla Flamenca*, debido a sus múltiples ocupaciones no se puso en serio a pasarlas a limpio hasta 2020, durante el confinamiento. Murió pocos meses después y el libro se publicó en 2022.

El texto lo integran treinta y tres entrevistas a una casi exhaustiva lista de treinta y cinco artistas flamencos veteranos que aún vivían entre nosotros en la década de los ochenta. El conjunto conforma un documento extraordinario, porque aunque hay publicados algunos libros dedicados a la biografía de un viejo artista, y algún otro que recoge entrevistas con unos pocos profesionales muy famosos, aquí tenemos un número considerable de personajes, con perfiles muy variados: hombres y mujeres del cante, del baile y del toque, y de los más diversos estilos. Y de prácticamente todos los enclaves flamencos importantes. Algunos fueron famosos en su época, pero ya estaban casi olvidados del público en la etapa final de sus vidas. Otros que no fueron muy famosos, aunque sí conocidos y apreciados entre los aficionados. Otros más que no fueron nunca profesionales del todo. Y algunos casi anónimos, sólo conocidos en círculos muy reducidos, pero casi todos de familias con viejo abolengo flamenco, que les sonarán a cualquier aficionado, incluso actual.

Las entrevistas eran largas: varias horas en compañía de algunos amigos comunes y casi siempre con otros artistas presentes. Se creaba un ambiente propicio al recuerdo y a la conversación sustanciosa, ilustrada con frecuencia por algún cante del entrevistado. Algunos acompañantes resultaron ser una fuente de información de enorme interés, como Enrique, cuñado de Tío Juane, que era una enciclopedia flamenca. De manera que el libro no sólo tiene un alto interés para el conocimiento del flamenco, sino también un evidente interés sociológico y antropológico, porque nos ilustra sobre la situación en que vivían los entrevistados, tanto en su época pasada como en aquellos años ochenta-noventa.

Tuvimos el placer de que los textos se los fuera enviando a Antonio conforme los iba transcribiendo para que le diera su opinión, y las de Alfredo, Agustín y Lola Benavides. Según su hija Carmen, fue a la única persona a la que envió los originales para revisar.

El libro se presentó en Sevilla el 15 de noviembre de 2022. La familia le había pedido a Antonio que redactara el prólogo del libro y también le pidió que fuera a Sevilla a presentarlo. En Almería se presentó en la peña El Taranto, con la presencia de su hija y del editor, Antonio Zoido, también exdirector de la Bienal entre otras muchas actividades y cargos, además de ser socio antiguo de El Taranto. El maestro de ceremonias fue Alfredo.

Y es que nuestra relación con Manuel, estrecha y entrañable, fue permanente hasta su fallecimiento. Tanto en otros proyectos relacionados con el flamenco, como la gestación de la Confederación Andaluza de Peñas Flamencas, que relataremos en el apartado siguiente, hasta el ámbito más familiar e íntimo.

La peña El Taranto lo nombró Socio de Honor, de lo que nos consta que se sentía muy orgulloso. Aún vivía cuando conoció que el Ministerio de Cultura le había concedido a nuestra peña El Taranto (la suya en Almería, junto a El Pozo de las Penas en Los Palacios) la Medalla de Oro al Mérito de las Bellas Artes.

8.5 | Cómo se creó la Confederación Andaluza de Peñas Flamencas

Como recordarán los que se hayan leído lo que hemos contado sobre la ITEAF, su "inventor" y primer presidente, Francisco Vallecillo Pecino, dimitió de su cargo al ser nombrado Asesor de Actividades Flamencas de la Junta de Andalucía. Pero él siguió apoyando a la Institución y asistiendo a algunas reuniones. En una de ellas, en Los Palacios por más señas, estábamos dando un paseo tras la reunión y nos anunció que estaba decidido a impulsar una Confederación Andaluza de Peñas Flamencas. Uno de los motivos era optimizar el reparto de los pocos dineros que tenía su departamento para atender a las múltiples peticiones de las peñas.

Lucas, Manolo, Alfredo, Antonio y alguno más intentamos disuadirlo con el argumento, evidente para nosotros, de que una federación o confederación debe surgir de abajo arriba, por la voluntad de asociarse desde la base. Y más teniendo en cuenta que en aquel momento –primeros años ochenta– sólo había tres federaciones de peñas funcionando en Andalucía: Sevilla, Córdoba y Cádiz.

Pero Paco estaba decidido y finalmente montó una confederación –provisional, evidentemente– con una directiva también provisional, para que se encargara de la legalización; aunque más bien habría que decir la creación, pues, repetimos, cinco provincias carecían de federación.

Mientras se gestionaba (suponemos, no lo sabemos) la creación de las federaciones, la provisional Confederación empezó a recibir los dineros de la subvención de la Junta para las peñas. Y a repartirlos, claro. Eran pocos dineros: dieciséis millones de pesetas para todas las peñas andaluzas. Una miseria, que se repartió según criterios que desconocemos. Pero el problema gordo estaba al caer.

A finales de 1986 Paco Vallecillo nos convocó urgentemente en su despacho de la Junta en Sevilla. Un despacho muy escueto y precario, como era casi todo en aquella Junta recién nacida. Fuimos Manuel Herrera, Paco Celaya, Lucas, Alfredo y Antonio. Nos contó que había estado mandando el dinero de las subvenciones a la cuenta corriente de quien ejercía como presidente de la futura Confederación, Ramón Porras. El hecho, desde el punto de vista legal, se podría calificar de malversación de fondos públicos. Lógicamente, Paco Vallecillo, muy preocupado, nos pidió ayuda y allí mismo opinamos que la única solución era fundar de verdad la Confederación en el mínimo tiempo posible. Para ello, claro, había que legalizar primero todas las federaciones provinciales.

No había tiempo que perder porque, además, había convocada una reunión para el 31 de enero de 1987 en Córdoba, en el Patronato de Turismo, para elegir nuevo presidente de la nonata Confederación, ya que Ramón Porras había dimitido.

La expectación era grande: Fosforito, la gran figura flamenca de Córdoba, encabezaba una nutrida representación de periodistas, autoridades y miembros de peñas. El candidato a presidir la supuesta confederación era el cordobés José Arrebola.

Los "conjurados" asistimos a la reunión, repartimos abrazos y besos flamencos a los muchos amigos que allí había y, cuando llegó el momento de la elección de presidente, pedimos la palabra y dijimos que no se podía elegir presidente de una entidad inexistente, que había que legalizarla primero. Sevilla y Almería presentamos unas propuestas muy parecidas, en las que proponíamos la creación de una comisión gestora que se dedicara a asesorar a las peñas que no estaban federadas para que crearan las federaciones provinciales correspondientes y, una vez legalizadas las ocho federaciones, fundar y legalizar una confederación andaluza.

Para empezar, había que elaborar los estatutos de las federaciones no legalizadas, registrarlos, elaborar luego los estatutos de la confederación, consensuarlos con las ocho federaciones y legalizarlos.

La "fiesta" de la elección de un presidente cordobés fue suspendida, los cordobeses asistentes se quedaron estupefactos y anonadados por la envergadura de la tarea que se planteaba.

La propuesta sevillano-almeriense fue aprobada por unanimidad (y resignación) y quedó nombrada una comisión para redactar los estatutos, formada por Antonio Zapata, Alfredo Sánchez, Manuel Herrera, Francisco Celaya y Victoriano del Cerro.

Para no ser prolijos y repetitivos, resumiremos que fueron ocho meses de redacción de estatutos, viajes por toda Andalucía (sin autovías aún y sin aire acondicionado en los coches), reuniones con las peñas de las cinco provincias sin federación, gestiones legales...

La comisión se reunió el 7 de marzo en la peña La Platería de Granada, estudiamos las diversas propuestas de las federaciones provinciales y el 14 de ese mismo mes convocamos una reunión general en Antequera, donde se leyeron y aprobaron los estatutos de todas las federaciones. A continuación, se eligió una Junta Directiva que se encargaría de llevar a cabo la legalización de la Confederación. Se presentaron tres candidaturas, encabezadas por Huelva, Córdoba y Almería. Salió elegida la nuestra, que era tal que así:

Presidente, Antonio Zapata García (de Almería); vicepresidente, José Delgado Olmos; secretario, Victoriano del Cerro Bex (ambos de Granada); y de Sevilla, Paco Celaya Tébar, tesorero (como siempre), y Manuel Herrera Rodas, relaciones públicas; además, un vocal por cada una de las cinco provincias restantes.

Seguimos con los viajes y las gestiones durante ocho meses, hasta completar el objetivo. Por supuesto, todos los gastos de viajes, hoteles y papeleo fueron a costa de los propios integrantes de la Comisión. ¡No faltaba sino que Vallecillo nos los hubiera costeado con fondos de la Junta!

Finalmente convocamos una reunión en Antequera el sábado 14 de noviembre de 1987 para dar cuenta de que la Confederación estaba legalizada y que había que elegir una Junta Directiva definitiva. Paco Vallecillo ya podía dormir tranquilo.

Quizá echen en falta más detalles de aquellos ocho meses —más de lo habitual en este libro— pero no disponemos de las actas —o documentos equivalentes— de aquellas reuniones. Por ejemplo, la fecha de la reunión constituyente de Antequera, aunque debe estar en las actas de la Confederación, la hemos deducido por un dato que nos da una fecha exacta: de Antequera nos fuimos a Sevilla y estuvimos por la noche en el concierto de Miles Davis dentro del 8º Festival de Jazz. Fue la última actuación del genial trompetista en la capital andaluza. De todas formas, los detalles de aquellas reuniones, papeleos y demás son poco relevantes. Lo importante es que se creó y legalizó la Confederación en un tiempo realmente breve.

A lo que íbamos, y que es lo sustancioso: cuando llegó el momento de presentar candidaturas para la Junta Directiva de la flamante Confederación... ¡no se presentó ninguna! Estaban todos convencidos de que los de la Gestora íbamos a seguir mandando y no se atrevían a competir. Todavía les duraba el asombro (o el canguelo) de la frustrada reunión de enero en Córdoba.

Les dejamos claro que no queríamos seguir porque no creíamos en el sistema, y que todo lo que habíamos hecho era para ayudar a un amigo (sin darles detalles, claro, de la situación que había padecido Vallecillo). Entonces pidieron media hora para montar una candidatura. La encabezó el citado Pepe Arrebola, que por fin consiguió manejar la Confederación, lo que hizo durante muchos años.

A partir de ese momento, los que quieran saber más de esa institución deberán acceder a sus archivos, estén donde estén y cuenten lo que cuenten. Muchas cosas han transcendido a los medios y a la afición de la marcha de la Confederación Andaluza de Peñas, no todas buenas. Por ejemplo, cinco o seis años después de su legalización, la peña El Taranto pidió información sobre las cuentas de la Confederación, debido a los muchos rumores que corrían y a la nula transparencia. Después de tres peticiones por escrito, todas sin recibir respuesta, El Taranto se dio de baja de la Federación local y, por tanto, de la Confederación.

8.6 | La Fundación Andaluza de Flamenco

Coincidiendo con el período de creación de la Confederación de Peñas, se estaba gestando la Fundación Andaluza de Flamenco (FAF), hoy integrada en el Instituto Andaluz de Flamenco. La Comisión Ejecutiva que diseñó y creó la FAF estaba formada por cinco consejeros natos: el presidente de la Confederación, a la sazón Antonio Zapata García, y los representantes de la Consejería de Cultura, del Ayuntamiento de Jerez, de la Diputación de Cádiz y de la Caja de Ahorros de Jerez.

Durante varios meses nos reunimos con cierta frecuencia en Jerez para elaborar los estatutos, proyectar el funcionamiento y elegir la sede, que se estableció en el recién restaurado Palacio Pemartín de Jerez.

Por si fuera poca presencia almeriense en las instituciones, Alfredo entró a formar parte del Consejo Asesor de la naciente Fundación Andaluza de Flamenco, en el que estaban, entre otros, José Blas Vega, Manolo Cano, José Manuel Caballero Bonald, Fosforito, Félix Grande, Manuel Morao o Manuel Ríos Ruiz. Con razón Agustín Gómez escribió aquel artículo titulado "El milagro de Almería", que citamos al inicio para gozo de almerienses.

Rafael Alberti firma en el libro de El Taranto.
10 de enero de 1989

Conclusión

Quod erat demonstrandum

Hemos llegado al final del desarrollo de los objetivos que expusimos en la Introducción. Nos parece que los hemos alcanzado. Lo primero era justificar la primera parte del título: *Medio siglo de oro del flamenco.*

En primer lugar, volveremos a aclarar que la calificación "de oro" no lo decimos, evidentemente, por nuestra aportación (no tenemos abuelas, pero sin exagerar), sino por todo lo que ha sucedido y que vamos a resumir en este epílogo. Si lo hemos relatado usando casi siempre la primera persona del plural es porque somos tres. Y porque fuimos testigos presenciales, no nos lo han contado ni lo hemos leído en los periódicos.

La etapa no es de cincuenta años exactos, lo del medio siglo es una figura literaria. Esta edad de oro empezó con las recuperaciones de Antonio Mairena y Fosforito, a finales de los cincuenta, y termina con la muerte de Paco de Lucía en 2014: en realidad, casi sesenta años.

En este tiempo ha habido una auténtica pléyade de grandes figuras: desde veteranos recuperados como Chocolate, Fernanda, Chano... hasta los nuevos valores surgidos en los 60-70 (Lebrijano, Menese, Camarón, Morente...) y los del último cuarto del siglo XX como Mercé, Arcángel, Poveda, Macanita... Hemos recurrido a puntos suspensivos por no repetir lo ya contado.

Incluso se recuperaron y grabaron viejas glorias, muchos de ellos desconocidos para el gran público y que vivían precariamente, como Borrico, Piriñaca, Talega o Joselero. Para no recurrir otra vez a los puntos suspensivos, recordamos los más de treinta artistas veteranos entrevistados por Manuel Herrera en los años ochenta, que aparecen en su libro citado en el capítulo de la ITEAF y que son otra pléyade dentro de la general de esta época.

Pero es que, además de ser una pléyade tan numerosa, estuvieron también las cumbres más altas de la historia, de todas las que conocemos y de los que hemos podido escuchar aunque fuera en los primitivos discos. Porque de Silverio, Nitri, Planeta o Serneta ni sabemos cómo cantaban.

También han experimentado un gran auge la guitarra, el baile, el teatro, las publicaciones y la discografía (sobre todo en los 60 y 70), y el flamenco ha conseguido un aprecio de la sociedad y de los intelectuales que nunca tuvo, salvo entre muy reducidas minorías.

En cuanto a la segunda parte del título del libro, *Vivido desde Almería*, creemos que también ha quedado patente el papel de Almería y de la peña El Taranto en ese período. Ha tenido un protagonismo en muchos acontecimientos de esa época muy superior al peso que el flamenco tenía en nuestra provincia: ni existían artistas de primera fila hasta que llegó Tomatito, ni había apenas actividades flamencas salvo las que organizaba (y sigue organizando) El Taranto, incluidos los Festivales, que también los "inventó" y asesoró la Peña. Asimismo hemos contado la participación almeriense –en muchos casos decisiva– en asuntos y entidades de ámbito nacional.

Si hemos puesto fecha al final del "medio siglo de oro" no es porque ahora se haya vuelto a venir abajo el flamenco. De hecho, se mantiene, incluso aumenta, el reconocimiento general, desde la Unesco con su declaración de Patrimonio Inmaterial de la Humanidad hasta varias Medallas de las Bellas Artes a distintos artistas y entidades del flamenco.

Continúa el éxito de espectáculos de baile y conciertos de guitarra en todo el mundo, y aumentan los estudios sobre el tema. Algunos aspectos sí han decaído, como la discografía o los festivales clásicos. Los discos en general han caído a plomo, pero los de flamenco empezaron a escasear en los 80.

En la nómina de cantaores y cantaoras hay calidad, pero no tenemos las cumbres que supusieron Camarón, Morente y Paco de Lucía en sus inicios o la pléyade de clásicos citada arriba. Además, los grandes ciclos se hacen eclécticos, con muchos espectáculos de fusión o mixturas. Ya hemos comentado el cambio de nombres y contenido de las bienales y algunos otros festivales o ciclos.

Ahora hay mucha mezcla, muchas pretendidas innovaciones que casi nunca cuajan, porque es muy difícil innovar. Las que hicieron Camarón y Morente fueron plenamente flamencas porque partían de raíces muy profundas. Y han marcado el territorio.

Las mezclas y los picoteos aquí y allá en otras músicas sólo dan productos efímeros, infértiles (como los híbridos animales). Esto ya pasó con las "innovaciones" de los años 30-50, que se limitaron a dulcificar la dureza del gran cante y a hacer gorgoritos, exhibiciones de virtuosismo. Su originalidad se limitaba a tener un fandango "con sello propio" y a meter recitados entre cante y cante.

No pretendemos ejercer de profetas ni ser demasiado "viejos cascarrabias", pero pensamos que la situación actual es consecuencia de que al público en general le interesa más el baile y la guitarra, mientras que el cante es mucho más duro de interpretar y de entender. Pero cómo será el flamenco en los próximos años es algo impredecible. Igual sale otro Paco de Lucía pasado mañana.

Bibliografía

Como decíamos en la introducción, este libro no se puede clasificar como historia porque voluntariamente no hemos recurrido casi nunca a consultar documentos. El "casi" se refiere a las ocasiones en las que los recuerdos de los tres no coincidían totalmente. Aparte de que no somos historiadores, hoy día las facilidades para acceder a libros y archivos es prácticamente ilimitada y relativamente fácil.

Lo que contamos lo hemos vivido, muchas veces en primera persona, e incluso hemos sido protagonistas en bastantes ocasiones, así que podemos contarlas de primera mano. Pero para facilidad de los interesados en comprobar datos añadimos una breve bibliografía de libros y fuentes utilizados y citados en el texto.

Actas de los Congresos Nacionales de Actividades Flamencas de 1980 y 1981.
Actas de la Confederación Andaluza de Peñas Flamencas.
Archivo de la ITEAF.
Actas de las reuniones en Jerez para la creación de la Fundación Andaluza de Flamenco
Guías de Festivales, 1981-87 y Anuario Flamenco, 1988-1992, ambas publicaciones editadas por la Consejería de Cultura de la Junta de Andalucía.
Revistas: *Sevilla Flamenca*, *Candil* (Jaén) y *Taranto* (Almería).

Libros
Alcalá Venceslada, A. *Vocabulario andaluz*. Ed. Gredos, Madrid, 1980.
Cadalso, J. *Cartas Marruecas*. Espasa-Calpe. Buenos Aires, 1952.
Equipo Alfredo

1978. El *flamenco y los* gitanos. *Una aproximación cultural.* Universidad de Granada.

1988. *El Taranto, 25 años de flamenco en Almería* (Coord.). Zéjel, Almería.

1993. *20 años de papel.* I.E.A., Almería.

2003. *El Taranto, una historia del Flamenco en Almería (Proyecto y textos).* Peña El Taranto, Almería.

Artículos de crítica flamenca en el diario *Ideal* de 1973 a 1983.

Artículos crítica flamenca en *La Voz de Almería* de 1984 a 1988.

Estébanez Calderón, S. *Escenas andaluzas.* Espasa Calpe. Madrid, 1960.

García Yepes, L. *Sorroche. La madrugá flamenca de Almería.* I.E.A. Almería, 2016.

González Climent, A. *Flamencología.* Escelicer, Madrid, 1964.

Herrera Rodas, M. *Flamencos. Viaje a la generación perdida.* Almuzara, Córdoba, 2022.

Machado y Álvarez, A. *Colección de cantes flamencos.* Ed. Demófilo, Madrid, 1974.

Molina, R. y Mairena, A. *Mundo y Formas del Cante Flamenco.* Al Andalus, Sevilla 1971.

Nietzsche, F. *El origen de la tragedia.* Espasa-Calpe. Madrid, 1964.

Pohren, D. *El arte del flamenco.* Sociedad de Estudios Españoles, Sevilla, 1962.

Sevillano, A. *Historia del flamenco en Almería.* I.E.A., Almería, 2020.

Triana, F. el de *Arte y artistas flamencos,* Ed. Demófilo. Cáceres, 1978.

Valle Inclán, R. *El Ruedo Ibérico. La Corte de los Milagros.* Alianza Ed. Madrid, 1973.